들풀

목언예원

이 도서의 국립중앙도서관 출판예정도서목록(CIP)은 서지정보유통지원시스템 홈페이지(http://seoji.nl.go.kr)와 국가자료공동목록시스템(http://www.nl.go.kr/kolisnet)에서 이용하실 수 있습니다.(CIP제어번호: CIP2019037238)

들풀

지은이 · 이대걸
펴낸이 · 민병도
펴낸곳 · 목언예원

초판 인쇄 : 2019년 9월 25일
초판 발행 : 2019년 9월 30일

목언예원
출판등록 : 2003년 2월 28일 제8호
경북 청도군 금천면 선바위길 53 (신지2리 390-2)
전화 : 054-371-3544 (팩스겸용)
E-mail : mbdo@daum.net

ISBN 978-89-94733-82-1 03810

가격 : 15,000원

들풀

―손맛
―사색하는들풀
―안동찡찡이
―불청객
―수수타작

이대걸 수필집

목언예원

사랑하는 나의 사람 앞에

은퇴하여 초야에 묻힌 지 4년이 지났습니다. 산다는 것이 어떤 방정식을 풀기보다 더 어려운 시간이었습니다. 선택의 여지가 없어 주어진 배역을 하나씩 마무리하였습니다. 그리고 또 비우며 내려야 했습니다.

이제 청명한 하늘이 보이기 시작합니다. 그동안 나를 위해 무엇을 했는지 자문해 봅니다. 때로는 부질없는 일에 쳇바퀴 돌기도 하였습니다. 땀 흘려 채전을 가꾸며 솔바람 속에서 사색하기도 했습니다. 별이 빛나는 밤에 흙의 이야기를 적었습니다. 외롭지 않으려고 글을 쓴다지만, 저는 살아있음을 확인하려고 흔적을 남겼습니다.

이 글은 저의 서정抒情이자 소견입니다. 풀들이 저마다 다른 모습이듯, 저 또한 한 떨기 들풀입니다. 비바람에 쓰러진 들풀이 다시 일어서듯, 아픔을 어루만지다 보면 상처도 차츰 아물겠지요.

재스민 꽃향기가 코를 찌릅니다. 모란이 우아한 자태를 뽐내고 패랭이꽃이 앙증맞은 정원은 여름을 향해 달리고 있습니다. 산골에서 맞이하는 계절의 변화는 혼돈된 나를 치유하는 감로수인가 봅니다. 텃밭의

— 책을 내면서

방울토마토와 블루베리가 익어갑니다. 그리운 이 찾아오면 산뽕나무 그늘에 자리를 펼쳐 막걸리 한 잔 나눠야 하겠지요?

글을 살피던 중에 암 진단을 받았습니다. 큰 병원 유리창 너머 펼치는 한강의 낙조는 삶을 되돌아보는 소중한 시간이었습니다. 큰 수술이라는, 어쩌면 돌아오지 못할 숙명의 강가에서, 애타게 기다려 준 사랑하는 아내의 고마움을 눈물로 적십니다. 못다 갚을 사랑 빚을 언제 다 갚게 될까요?

이 책이 나오기까지 애써주신 권혁모 선생께 감사드리며, 과분한 발문에 머리 숙입니다. 반세기를 함께한 외우畏友였다는 인연이 이렇듯 진한가 봅니다. 그리고 좋은 책을 엮어 주신 목언예원의 민병도 선생님께도 감사드립니다.

졸필을 읽어주시는 분들께 행복의 물결이 넘치시기를 기원하며, 이 작은 책『들풀』을 사랑하는 나의 사람 앞에 올립니다.

2019년 7월

문학공간 와룡산방에서

이대걸

CONTENTS

들풀

PART 00 | 책을 내면서 • 4

PART 01 | 수수 타작 • 10

001 단비 같은 사람 • 12
002 장마 • 16
003 질경이 • 20
004 수수타작 • 24
005 저지레 • 28
006 고추에 관한 명상 • 32
007 축가 • 38
008 바랭이 • 42
009 무리 • 46
010 피를 뽑다 • 50
011 들풀 • 54

PART 02 | 불청객 • 60

001 옷 • 62
002 짐을 벗다 • 66
003 가시박과 들풀 • 72
004 굽은 나무 • 76
005 부나비 • 80

— 이대걸 수필집

006 몸을 낮추다 • 84

007 바랭이 예찬 • 88

008 불청객 • 92

009 해맞이 • 98

010 황지 연못에 서서 • 102

011 부모님께 당신을 선물하세요 • 106

PART 03 | 안동껑껑이 • 110

001 가뭄 • 112

002 흙수저가 어때서 • 116

003 목구멍이 포도청 • 120

004 안동껑껑이 • 124

005 호가호위 • 128

006 몸값 • 132

007 상장과 노란 리본 • 136

008 스타일 • 140

009 부모 마음 • 146

010 겪어봐야 알지 • 150

CONTENTS

들풀

PART 04 | 사색하는 들풀 • 154

001 아지매 • 156

002 뿌리내림 • 160

003 사색하는 들풀 • 164

004 사람의 도리 • 168

005 미역국 • 174

006 무덤 메우기 • 178

007 어른의 시간 • 182

008 앞산을 오르다 • 188

009 진돌이 • 194

010 호마와 월조 • 198

PART 05 | 손맛 • 202

001 산 닭 팝니다 • 204

002 생강차 • 208

003 청량정사 • 212

004 능소화 예찬 • 216

005 손맛 • 220

006 무궁화 • 224

— 이대걸 수필집

007 한 조각 뜬구름 • 228

008 배우고 때로 익히니 • 232

009 이매창에 취하다 • 238

010 팔자지 뭐 • 242

PART 06 | 발문 • 246

이대걸의 들풀, 그 에스프리 · 권혁모 • 248

수수 타작

01

단비 같은 사람 — 장마 — 질경이 — 수수타작 — 저지레 — 고추에 관한 명상 — 축가 — 바랭이 — 무리 — 피를 뽑다 — 들풀

단비 같은 사람

폭염을 이기지 못해 낮잠에 빠졌습니다. 잠결에 후드득거리는 소리가 들렸습니다. 너무 반가워 눈이 번쩍 뜨였습니다. 창밖을 내다보니 소나기 한줄기가 시원하게 지나갑니다. 아, 얼마나 간절하게 기다리던 비였습니까. 가슴이 뻥 뚫리는 것 같습니다. 40여 일 비가 내리지 않아 천지가 목마름으로 숨넘어가기 직전입니다. 꿀보다 더한 단비입니다. 한 줄기 더 퍼부었으면 좋으련만 만족해야 할 것 같습니다. 이 세상에 날씨만큼 마음대로 안 되는 것이 또 어디 있을까요?

후줄근하게 늘어진 고구마 잎과 고추 줄기가 겨우 고개를 치켜듭니다. 그렇지만 숨넘어가기 직전의 사람에게 한 모금 물로 목을 축이게 하는 정도입니다. 땅을 팠더니 1㎝ 정도 젖었습니다. 지하수를 퍼 올리기 위해 설치한 양수기의 힘겨운 소리가 더욱 속을 타들어 가게 합니다. 이럴 줄 알았으면 귀촌하지 말 걸 그랬나 봅니다.

사실 비도 비 나름이지요. 꼭 필요할 때 내려야 환영을 받습니다. 연일 개 오줌 지리듯 하는 비는 같은 비지만 모두가 찌푸립니다. 지루한 장맛비를 좋아하는 사람이 어디 있겠습니까? 목마를 때 내미는 한 사발의 물이 감로수이지, 물배를 채워 더 이상 마실 수 없을 때의 물은 그야말로 물고문이지요.

농촌에서 살게 되면 날씨에 민감하지 않을 수 없습니다. 그만큼 기상 조건과 밀접한 관계가 있는 것이 농사입니다. 그래서 조금만 가물어도 '아, 소나기라도 한줄기 했으면 좋으련만.' 조금만 질퍽거려도 '아, 이젠 제발 비가 그쳤으면 좋겠는데.' 하고 변덕입니다. 오늘 지나간 소나기는 비록 적은 양이지만, 감로수 같은 단비가 틀림없습니다.

그런데 사람도 단비 같은 사람이 있습니다. 혼자서 무료함을 달랠 때 난데없이 찾아온 친구, 어떻게 할지 몰라 쩔쩔매고 있을 때 구세주처럼 나타나 도움을 주는 사람, 보고 싶어 기다릴 때 불쑥 나타난 사람, 마음이 괴로울 때 술잔을 부딪치며 허공에 너털웃음을 날릴 수 있는 사람, 밤새껏 투정 부려도 다음날 넉넉히 가슴을 열어주는 사람, 추위에 떨고 있을 때 따뜻한 벽난로처럼 다가오는 사람, 곁에 있어 주는 것만으로도 편안하게 느껴지는 사람, 폭염에 에어컨 같은 사람, 만날 때 마다 부드러운 미소를 주고받을 수 있는 사람 그리고 언제 만나든 허물없이 농담 주고받을 수 있는 사람, 이런 사람이 단비 같은 사람입니다.

'안동국제탈춤페스티벌' 축제장에서의 일입니다. 초대에 응하지 않을 수 없어서 찾은 곳에서는, 제 역할이 끝나면 끈 떨어진 두병이 신세 아닙니까? 그냥 오기도 뭣하고 기웃거리다 포장마차 앞을 지나는 중이었습니다. 누가 어깨를 툭 치기에 돌아보니 언제나 좋아하는 친구였습니다. 막걸리 한 잔하자고 소매를 끕니다. 억울하게 경찰서에 잡혀갔다가 우여곡절 끝에 무죄 방면된들 이보다 더 반가울까요? 안 그래도 혼자 대폿잔 기울이기는 그렇고 목은 마르던 차였지요. 의기투합하여 거침없이 가판대에 앉았습니다. 주머니 비었던 청년 시절에 대포 한 사발 쭉 들이키자고 손잡아 끄는 친구가 바로 그였습니다. 백열등이 흔들리던 침침한 목로주점에서 젓가락 장단에 맞춰 불렀던 '울고 넘는 박달재'도 한 곡 뽑았지요. 아련한 추억을 더듬으며 마주한 막걸리잔에서 먼 세월이 비둘기로 날아옵니다.

가끔 삶에 지쳐 쓰러지고 싶을 때가 있었습니다. 다시는 일어나고 싶지 않을 만큼 힘들 때도 있었지요. 한겨울 설원에 혼자 버려진 것 같은 외로움에 삶을 포기하고 싶기도 했습니다. 살짝만 건드려도 금방 으스러질 것 같은 그런 날, 마음을 봄비처럼 촉촉이 녹여주는 이가 있었습니다. 부딪히며 나의 길을 갈 수 있도록 따뜻한 손을 내어 준 동반자, 단비 같은 사람입니다.

시든 생명체를 보며 혹한을 이겨낸 냉이가 생각납니다. 가을 들녘의 냉이와 이른 봄 언 땅의 냉이는 같은 냉이지만 맛이 다릅니다. 혹독한 추위를 이겨낸 생명체에서 뿜어져 나오는 독특한 향기, 시련의 강을 건너온 개체에서만 맡을 수 있는 향기입니다. 지금 그런 향기가 산천초목 여기저기서 뿜어져 나옵니다. 오랜 가뭄 끝에 살아남은 생명체가 내뿜는 숨소리를 들으니, 마치 중환자실에서 깨어나는 환자의 모습이 떠오릅니다. 목숨 줄은 고래 힘줄보다 더 질기다는 느낌입니다.

나이 들수록 단비보다는 추적이는 장맛비 같은 날이 많고, 쏟아지는 땡볕에 목이 타는 날이 더 많은 것 같습니다. 거미줄 같은 세상살이를 하다보면 어찌 단비 같은 날만 있겠습니까. 고진감래라 했던가요? 힘겨운 날이 많은 만큼 편안한 날도 많은 것이 세상사의 이치입니다. 오늘 내린 단비는 또 다른 가뭄의 예고편에 불과하지요. 세상살이가 호락호락할 리가 없다는 생각으로 쳐다본 하늘은, 언제 그랬냐는 듯 쾌청입니다. 무더운 바람 한 줄기 훅 밀려옵니다. 어니스트 헤밍웨이의 '킬로 만자로의 눈'이 떠오르는 날입니다.

장마

뉴스는 연일 곳에 따라 소나기가 예상된다고 했지만, 야속하게도 이곳은 감감무소식이다. 그런데 이게 무슨 일이지? 창고의 양철 지붕을 두드리는 소리에 마당으로 달려 나갔더니 애타게 기다리던 단비가 내린다. 오랜 가뭄 끝에 찾아온 빗줄기다. 봄 내내 먼지만 폴폴 날리던 대지가 촉촉이 젖어간다.

아침부터 축 늘어져 사경을 헤매던 잡초, 끝부터 타들어가던 초록 이파리들이 생기를 되찾고 있다. 비는 생명의 근원인 모양이다. 초목의 한숨소리만 들리던 대지에 축복의 하아모니가 울려 퍼지는 모습을 지켜보노라니 가슴이 다 젖는 것 같다. 내가 가꾸는 손바닥만 한 채소밭에도 환희의 모습이 보인다.

초목이 자라는 소리가 온 누리에 퍼지는 꿈같은 며칠이 지났다. 중부지방부터 집중 호우가 예상된다는 보도이다. 장마의 시작이다. 길고 긴 가뭄 끝에 찾아온 손님이 장마라니? 농촌 사람들에겐 가뭄도 싫지만 장마 또한 반갑지 않은 손님이다. 비 한줄기 왔으면 바랄 때 비가 오고, 햇볕이 내리쬐었으면 할 때 해가 나면 그보다 더 큰 행운이 어디 있을까? 그렇지만 세상사 내 밤대로 되는 게 어디 한 가지라도 있었던가?

사흘이 멀다 하고 비가 찔끔거린다. 어느 날은 하늘에 구멍이라도 뚫린 것같이 쏟아 붓는다. 금방 황톳물이 개울을 가득 매우며 흘러간다. 빗물에 밭둑이 패이고 도로 위까지 개울물이 차고 넘친다. 이런 걸 두고 게릴라성 집중호우라 한다. 비 피해를 막기 위하여 물에 빠진 생쥐 모양으로 동분서주하는 동네 사람들을 보니 괜히 미안한 생각이 든다.

무서운 장마이다. 지난 번 청주를 중심으로 내린 비는, 하루에만 290㎜를 기록했으며, 공식 기상관측이 시작된 이후 시간당 90㎜의 강수량은 역대 최고란다. 이 정도면 가히 물 폭탄이다. 청주 인근의 국지성 호우로 수많은 이재민과 재산 피해가 속출했다. 여기에 사상자도 발생하였다고 하니 안타까운 일이다. 수마가 할퀴고 간 자리에 망연자실하며 어쩔 줄 모르는 촌로의 모습이 남의 일 같지 않다.

장마와 함께 찾아오는 불청객이 찜통더위다. 지난밤에도 열대야 속에서 잠을 설쳤다. 겨우 초복을 지났는데 남은 더위를 어떻게 견딜지 걱정이 앞선다. 기상청에서는 이런 날씨의 원인을 북태평양 고기압의 영향이라 한다. 이는 북태평양에서 발달한 해양성 아열대 기단이기에 고온다습하며 열대야를 동반한다.

햇볕이 내리쬐지 않고 구름이 끼거나 간간히 빗줄기가 오락가락하여도 후텁지근하기는 마찬가지이다. 벌써 샤워를 몇 번씩이나 하며 방안에 가만히 있어도 이 정도인데, 논밭에서 일하는 분들은 어떨지 불문가지다. 어서 가을바람 불어와 삼복더위와 함께 열대야도 확 날려버렸으면 좋겠다.

벌통을 열어보았다. 시도 때도 없이 비가 오니, 아무리 꿀벌이 부지런하다 한들 꽃가루와 꿀을 채취할 수 있을까? 혹 식량이 부족하지 않은지 살펴보는 일은 당연한 일이다. 비 그친 새벽, 안개가 자욱하지만 후텁지근한 날씨 때문인지, 벌통마다 작은 문 앞에 새까맣게 봉구를 형성하고 있다. 소상 뚜껑을 열고 개포를 들치니 벌들이 일제히 날아올라 신경질적으로 달라붙는다. 원래 일기가 온전하지 않을 때 벌통 여는 것은 삼간다. 그러나 어쩌랴, 양식이 없으면 굶어 죽을 판이다.

개포만 들쳐보고 식량 유무를 대략 확인한 후 검사를 마친다. 길고 지루한 장마는 꿀벌들에게도 시련과 고난의 나날이다.

워낙 습도가 높으니 말려 둔 것들이 걱정이다. 창고 문을 열었더니 아니나 다를까? 상자에 종류별로 조금씩 모아 둔 여러 종의 약재에 곰팡이가 피었다. 중복을 맞아 닭백숙에 넣으려고 준비한 것이지만 버려야 한다. 환기를 깜박 잊은 탓에 귀한 약재를 못 쓰게 되었다. 나이 탓인지 눈앞에 보이지 않으면 자꾸만 잊어버린다.

간절히 비를 기다릴 때가 엊그제였지만 장마가 길어지니 또 걱정이다. '듣기 좋은 꽃노래도 한두 번'이라 하였듯, 지나침은 모자람 만 못하다. 올해 상반기는 극과 극을 달리는 널뛰기 기상도이다.

마음속으로 하늘에 가만히 빌어 본다. '보이소 하느님. 나는요, 지독한 가뭄이나 깜짝 놀랄 물 폭탄은 싫니더. 그저 열흘에 한 번쯤 비를 내려 주시고, 닷새에 한 번쯤 살랑바람 불게 해 주시면 좋을시더. 그리고 지루한 장마는 딱 질색이시더. 그러니 장마 좀 데려가소.' 그럼 그렇지, 좋은 게 좋은 거지, 그러나 저러나 장마로 무너져 내린 밭둑을 원상복구하려니 다시 하늘이 무너진다.

질경이

오전엔 가끔 산책을 한다. 혼자 갈 때도 있지만 아내와 함께 개를 데리고 가기도 한다. 집 주위 야트막한 산길을 걷고 싶은데 올해는 사정이 여의치 못하다. 이 지역이 수렵 허가 구역이기 때문이다. 심심찮게 총기 사고 소식을 접한다. 운 나쁘면 비명횡사할 수도 있어 주로 들길을 걷는다. 논두렁 밭두렁, 제방을 지나 도랑물을 건너는 재미도 제법 쏠쏠하다. 한겨울에도 정겨운 시냇물 소리 그치지 않는 여울에서 한참동안 우두커니 서 있기도 한다. 때론 산바람이 내려와 눈물이 나기도 하며, 귀가 얼어 따갑기도 하다. 그러나 바람결이 냇가의 버들가지를 잡고 그네 타는 모습은 그저 보는 것만으로도 즐겁다. 여기에 텅 빈 들판에서 듣는 겨울의 노래, 어떤 악기로도 흉내 낼 수 없는 경이로운 하모니는 추위를 잊게 한다.

내가 질경이를 발견한 것은 이때였다. 앞서 달려가던 점박이가 땅에 코를 박고 킁킁 거리기에 '저 놈이 왜 저러지?' 하고 자세히 살폈다. 두더지가 차에 깔려 죽었다. 쥐포가 된 두더지에 깔린 풀, 그것은 분명 질경이였다. 말라 거무죽죽한 꽃대만 남았지만 알아보기에는 충분하다. 주변 널찍이 질경이가 무리지어 보금자리를 틀었다. 경운기와 트랙터, 관리기 등 타이어 자국이 어지러운 제방에서 삶을 이어가는 질경이 무리이다. 마음에 닿아야 보인다 했던가. 여러 번 이 길을 다녔지만 그동안 보지 못했다. 요즈음은 제초제를 무차별로 뿌린다. 그래서 청정지역에서만 자라던 들풀이 하나둘 자취를 감추어 버렸다. 질경이도 그 중 하나이기에 더욱 반가운 풀이다.

질경이는 명줄이 질기다고 해서 붙여진 이름이다. 생명력이 소의 힘줄 같아서 차나 사람, 짐승들이 아무리 뜯어먹고 밟아도 다시 돋아난다. 큰 잎이 거의 땅에 닿을 정도로 펼쳐진다 하여 대엽자라고 한다. 마차나 소달구지 등이 다니는 길에서 쉽게 볼 수 있는 풀이라 해서 차전초라 불리기도 한다. 질경이는 예로부터 민간에서 만병통치약으로 쓰인 귀한 식물이다. 내가 어렸을 때였다. 덜 익은 토종 복숭아를 먹고 토사광란에 걸린 적이 있다. 그때 어머니께서 질경이 뿌리를 씹어 먹으라고 주셨다. 그래서인지 병이 나았다.

질경이를 생각하면 어린 시절의 고향 풍경이 떠오른다. 거친 보리 등겨에 쑥 버무려 쪄먹던 기억이며, 입술이 파랗게 따먹었던 참꽃과 찔레순의 달달한 맛, 물오른 소나무 순인 송구 꺾어 먹던 아이가 보인다. 늘 헐벗어 춥고 배고팠던 조무래기 고향 친구들이 보인다. 나물케는 누님을 졸졸 따라 다니는 까까머리 사내아이가 볼수록 가엽다. 돌아보면 살아온 길이 길고도 험한 오르막이었다. 넘어지면 일어서고 굴러 떨어지면 다시 기어오르기를 반복하던 어깨동무 친구들, 어느 새 백발 할아버지로 변했다. 아무도 돌봐주는 이 없어도 모진 겨울 견뎌 새싹을 틔워내는 질경이처럼 모두가 끈질기게 살아온 세월이었다.

질경이는 옛날 배고프던 시절 구황식물의 하나였다. 어린 시절 누님을 따라 봄나물 캐러가서 질경이를 보면 쪼그려 앉아서 손이 어는 줄 모르고 뜯었다. 잎이 두껍고 영양소도 많아 보릿고개를 넘을 때 없어서는 안 될 귀한 식재료였다. 봄에 갓 나온 새잎은 된장국이나 나물무침, 튀겨서 먹기도 했다. 볼품없이 말라비틀어졌지만, 찬 서리 모진 바람에 맞선 기개가 당당하다. 이제 입춘이 지났으니 봄이 멀지 않다. 곧 언 땅을 뚫고 삐죽이 새순 내밀 질경이, 주어진 환경에서 끈질기게 생명을 이어가는 풀, 짓밟혀 상처받으며 만신창이가 되어도 굳게 꽃대를 올린 풀, 그게 바로 질경이다.

요즈음 조금만 힘들어도 쉽게 포기하고 좌절하는 나약한 아이들이 떠오른다. 누구나 삶이 그리 호락호락한 일은 아니다. 그렇다고 어렵거나 두려운 것도 아니다. 가슴이 허허로울 때 러시아의 문호 푸쉬킨의 「삶이 그대를 속일지라도」를 즐겨 암송한다. 생각하면 암담하고 앞이 보이지 않는 생의 갈림길에서, 늘 내일은 밝은 태양이 떠오르리라는 희망의 끈을 잡고 살아왔다. 삶의 순간순간 주어진 여건에서 나름 최선을 다하려고 노력했다. 짓밟혀도 끈질기게 일어서는 질경이처럼 현실을 비관하지 않았다. 언젠가 보잘것없는 씨앗이라도 퍼트릴 수 있으리라는 믿음을 잃지 않았다.

한치 앞이 보이지 않는 세상이다. 변화의 방향조차 가늠할 수 없는 세월의 한가운데서 허우적거리는 우리이다. 세상이 모질고 험하지만 분명 솟아날 구멍은 있다. 요즈음 아이들은 대부분 온실의 화초처럼 자란다. 시골 아이들도 마찬가지다. '나는 하찮은 농부로 살아갈지언정 내 자식은 농사꾼 시키지 않겠다.'는 부모의 야무진 꿈 때문에 풀 한 포기 뽑아보지 않고 자란다.

온실의 화초는 밖에 나오는 순간 환경에 적응이 쉽지 않다. 사노라면 누구나 거센 비바람과 모진 눈보라를 만나게 된다. 바람막이 하나 보이지 않는 들녘에 홀로 서서 온몸으로 맞서게 될 온실의 화초를 상상해 본다. 굳세게 일어서서 꽃대를 밀어 올리는 질경이의 생명력과 온실의 화초를 대비해 보며 세상살이의 이치를 더듬는다.

수수
타작

밭 귀퉁이에 자투리땅이 남아 수수 몇 포기 심었더니, 비둘기란 놈이 설익은 수수 이삭에 타고 앉아 저 먼저 타작을 해 댄다. 하기야 나만 키운 게 아니니 그렇게 탓 할 일은 아니다. 심기는 내가 심었으나 하늘과 땅이 키웠고, 바람과 햇빛이 거들었으며 저 또한 날아다니며 똥이라도 가끔 싸서 비료를 쳤으렷다? 아, 그런데 아무리 그래도 그렇지, 밭주인인 내가 가까이 다가갔는데도 보지도 않고 타작에 열심이다. '요놈 봐라. 주인을 무시해도 분수가 있지. 너 오늘 잘 만났다.'하고 더 가까이 가니 그제야 후다닥 날아 밭둑 전봇대 위에 앉는다. 연신 고개를 갸웃거리며 불만스러운 모양새다.

'여보시오. 당신이 뭔데 남 아침 먹는데 와서 참견이요? 당신은 밥도 안 먹고 사나. 그리고 오면 어쩔 건데. 우리 솔개 형님쯤 되면 모를까, 당신에게 날개라도 달렸나? 설령 날개가 달렸다 해도 그렇지. 느려터진 주제에 물 찬 제비 같은 내 깃털 하나도 건드리지 못하지. 암 그렇고말고. 아 그리고 이봐요 당신. 당신이 추수하지 말라한다고 안 할 줄 아나. 당신이 뭐라 하든지 내 맘대로 지 당신 맘대로가 아냐. 내 배가 차야 쉬러 가든지 말든지 할 거 아냐. 참 딱한 작자로다.'

닭 쫓던 개 지붕 쳐다보기로 한참 멍하니 서서 바라보다가, 심술보가 터져서 마당 가장자리의 돌을 주워 놈에게 던졌다. 맞든 말든 두 판 지기이다. 그제야 놈이 움찔하며 산 쪽으로 날아간다. 마당에 어정거리는 내 꼴을 보고 아내가 할 일 없이 빈둥대지 말고 얼른 들어와 아침부터 먹으란다. 어스름한 가을 안개를 뚫고 동녘 하늘에 아침 해가 불끈 솟아오른다. 올해는 시절이 좋아 수수 몇 됫박 먹을 수 있으려나 했는데 김칫국을 마셔버린 꼴이다. 그러게 내 까틀복에 웬 수수 됫박씩이나 될까? 갑자기 입안이 씁쓰름하다.

목구멍이 포도청이라고 한 끼 때우고 나자, 문득 수수 타작하던 놈이 생각나서 다시 마당으로 다시 나갔다. 그런데 이건 또 무슨 날벼락이란 말인가? 한 놈도 아닌, 무려 네 놈이 합동으로 수수 타작에 참여했다. '아하, 요놈이 내가 돌팔매질했다고 앙심을 품고 공개적으로 날 놀리려 드는구나. 그래, 어디 한번 해 보자 이거지.' 후다닥 뛰어 밭둑 쪽으로 달려가니 놈들이 일제히 날아오른다.

"수수에 망 씌우소. 안 그러면 날짐승 등쌀에 남아날 것 없다."

하던 이웃집 아주머니 말이 귓전에 뱅글뱅글 맴돈다. 쭉정이만 남은 수수 이삭이 더욱더 빨갛다.

쭉정이만 남은 수수 이삭을 보니 유년의 어느 휴일 수수타작 마당이 떠오른다. 할아버지와 함께 따사로운 가을볕이 쏟아지는 마당 한가운데로 수수 이삭을 수북이 옮겼다. 할아버지는 확을 이용하여 수수 이삭을 훑으셨고, 나는 알곡이 빠져나간 빈 수수이삭을 마당 가장자리로 옮겼다. 알갱이가 빠져나간 뒤의 수수이삭 모습, 그것은 검붉은 핏빛이었다. 수수 알과 쭉정이가 함께 붙어 있을 때 불그무레하던 느낌과는 확연한 차이였다. 실상이 허상인지, 허상이 실상인지 지금도 헷갈린다. 세상 이치가 다 그러하니 굳이 시시비비를 가려서 무얼 하겠는가.

마당 가장자리 뽕나무 밑 자연석에 앉았다. 안개가 걷히고 해가 중천을 오르는데 하늘은 구름 한 점 없다. 손가락으로 콕 찌르면 청량한 물이 금방 콰르르 쏟아질 것 같다. 가까운 산에서 '구국국구 구국국구 구국국구'하고 비둘기들이 두런거린다. 아마 다 못 채운 배를 어떻게

채울 것인지, 수수 타작을 어떻게 하면 효율적으로 할 수 있을지 갑론을박하는 모양이다. 그래, 어쩌겠냐. 내 욕심만 채우려고 망 씌울 수도 없고. 너희들도 먹고 나도 먹고 함께 살아야지. 내 타작할 것도 좀 남겨두고. 전생에 너와 나 원수진 일도 없는데 괜한 심술로 돌팔매질이나 해 대고, 먹을 때는 개도 안 건드린다는데 나도 참 한심하다는 생각이 스친다.

마음을 비우니 심술보가 어디로 갔는지 마음이 홀가분하다. 사람 마음이 요렇게 간사해서야 원, 자신이 한심하여 웃음이 나온다. 누가 봤으면 영락없이 미친놈이라고 할 터이다. 서늘한 바람이 얼굴을 스친다. 앞산엔 성질 급한 사시나무와 화살나무, 뿔 나무가 등신불인 양 제 몸을 불사르고 있다. 머잖아 잎들은 대지로 지고 앙상한 가지, 바람에 파르르 떨리는 계절이 다가오리라. 선선한 가을바람이 옷깃을 여미게 한다. 누군가 가을을 '하늘이 높고 말이 살찌는 계절'이라 했지만, 오늘 가만히 생각하니 비둘기 살찌는 계절이라는 생각이 든다. 어쨌든 비둘기 수수 타작하기 더없이 좋은 날이다.

저지레

우리 고장 말 중에 저지레라는 말이 있습니다. 어떤 일에 문제를 일으켜 어렵게 만들거나 그르칠 때 쓰는 말입니다. 가끔 내가 저지레 꾼이라는 생각이 듭니다. 괜히 이런 일 저런 일을 만들어 주위 사람들까지 귀찮게 합니다. 할일이 없으면 낮잠이나 자라고 하지만 차마 그럴 수는 없지 않은가요? 동기나 선후배 가운데 많은 분이 함께 골프장에서 시간을 보내자고 하지만 취향이 아닙니다. 빈둥거리거나 소모적인 일은 시간이 아깝습니다. 사람이 세상에 태어나 사회나 국가에 조금이나마 도움 되는 생산적인 일을 해야지 허송세월해서는 안 된다는 신념 때문입니다. 물론 가끔 휴식도 하고 여행도 하지만 백수는 정말 싫습니다.

그래서 시작한 일이 농사입니다. 어릴 때부터 농촌에서 자랐기에 농사에 마음이 끌렸습니다. 그런데 문제는 나이가 들어 점점 늙어지면 일이 그리 쉽지는 않을 것이란 걱정이 생겼습니다. 최소한의 노동으로 일정 수준 이상의 수확을 얻을 수 있는 방법은 없을까 하다가 호두나무를 심기로 결정했습니다. 호두는 농약을 칠 필요가 없고 관리와 수확이 쉽습니다.

"마 됐니더, 맥지로 저지레해서 골병 지우지 말고 치우소"

아내의 만류에도 용감무쌍하게 육백여 평의 땅에 아로니아와 호두를 함께 심었습니다. 묘목 상인 말로 아로니아는 심은 후 2년째부터 열리고, 호두는 8년 후에 열린다고 했습니다. 호두만 심으면 나무 식재 거리가 워낙 넓고 관리가 문제됩니다. 이를 보완하기 위해 호두나무가 어느 정도 자랄 때까지 간작으로 아로니아를 심었지요.

우리 농촌의 폐단이 '무슨 작물이 괜찮다더라'는 소문이 나면 너도 나도 '묻지 마!' 투자하는 겁니다. '누가 고추 농사로 돈 좀 만졌다더라' 하면 그 다음해엔 너도나도 고추를 심어 함께 망합니다. 유실수나 약용수도 그렇습니다. 두충나무가 그랬고, 사과가 그랬고, 심은 호두나무와 아로니아가 그 꼴입니다. 그러나 큰 걱정하지 않습니다. 타고난 냄비 체질인 사람들은 가격이 폭락하면 호두나무와 아로니아를 무조건 베어낼 것이기 때문입니다.

아로니아가 서서히 익어가니 발등에 불이 떨어졌습니다. 팔월 말부터는 값의 고하를 불문하고 따서 팔아야 합니다. 문제는 과잉 생산되어 똥값이라는 겁니다. 어떻게든 판로를 개척해야 합니다. 애물단지가 따로 없습니다. 작심하고 날을 잡아 가락동 농산물 시장에 갔습니다. 공판장 관계자는 킬로그램 당 삼사천 원 정도라고 하면서 경동 시장을 권했습니다. 그런데 경동 시장도 마찬가지였습니다. 단가는 킬로그램 당 1~2천 원 더 가는데 물량이 너무 많아 그때그때 물건을 봐야 값을 정할 수 있다면서 반응이 시큰둥했습니다. 고양이 쥐 생각하듯 인터넷 판매나 다른 방법을 찾아보라고 권했습니다. 함께 간 아내의 어깨도 한 자나 처졌습니다.

그러던 차에 농협으로부터 희소식이 들렸습니다. 로컬 푸드 출하 자를 모집한다는 것입니다. 로컬 푸드로 성공한 전주의 어떤 농협을 견학했습니다. 거기에도 아로니아가 한자리를 차지하고 있었습니다. 가격도 생과 킬로그램 당 팔천 원 정도로 괜찮습니다. 희망이 보였지요.

농협 측의 요구 조건인 잔류농약 검사를 통과하고 출하를 했습니다. 500g과 1kg 두 종류인데 500g은 알갱이를 따서 포장했고, 1kg은 주저리로 포장했습니다. 가격은 500g은 4500원, 1kg은 6천 원으로 정했습니다. 두근거리는 심정으로 그 결과를 기다렸습니다. 판매대에 두는 기간은 3일이었습니다. 3일이 지난 후 판매대를 보니 500g은 전량 소진, 1kg은 절반 정도 팔렸습니다. 깨달은 건 '사람들은 편하고 쉬운 걸 선호한다'는 것입니다. 온종일 선별해서 담아도 출하 예정 물량을 채우기 바빴습니다. 손이 너무 많이 가서 인건비 건지는 수준이었습니다. 뭐든지 식은 죽 먹듯 하는 일은 없는 것 같습니다.

이제 판매를 포기했습니다. 내가 농사지은 작물을 그동안 빚진 이웃과 친척, 친지들과 나눠 먹는 것도 괜찮다는 생각이 들었습니다. 아로니아를 한 번에 수확했습니다. 보낼 곳이 여러 곳이다 보니 주소 정리만 해도 꼬박 하루가 걸렸습니다. 먹는 방법을 리플렛으로 만들어 인쇄하고 포장해서 택배를 마쳤습니다. 어느새 일주일이 쏜살같이 지나갔습니다. 택배비만 해도 수십 만 원, 돈 벌어도 시원찮을 텐데 죽도록 고생하고 또 돈 들어가니 아내의 시선이 곱지 않습니다.

잠자리에 들어 가만히 생각해 봅니다. 천성이 어리숙한 나는 타고난 저지레 꾼임에는 틀림없습니다. 밭에 나무 심어 땀 흘려 일하고, 수확한 물품 나누어 주느라고 고생하고, 남는 것은 지친 심신뿐입니다. 입맛이 씁니다. 남들처럼 잘 놀면 수고롭지 않을 텐데, 괜스레 일을 벌려 아내까지 골탕 먹입니다. 그래도 나는 또 자신을 합리화합니다. '뭐 그래도 인심은 남는 거 아닌가? 사람이 살다보면 덕 볼 때도 있고 손해 볼 때도 있지, 어찌 꼭 덕 보는 일만 하겠는가. 나 같이 어리숙한 사람도 있기 때문에 세상사는 재미가 있는 게야.' 생각을 바꾸니 속이 편안합니다. 오늘 밤에는 왠지 좋은 꿈 꿀 것 같은 예감이 듭니다.

고추에 관한 명상

빨갛게 잘 익은 청양고추를 땄다. 올봄 시장에서 모종 여섯 포기를 사다 심었다. 심을 때 퇴비 외에는 거름을 주지 않았지만, 제법 잘 자라 가지가 찢어질 정도로 많이 달렸다. 나는 매운 고추를 좋아하여 수시로 따서 먹는다. 그리고 남은 고추를 이미 2근이나 수확했으니 고추 풍년이라고 아내는 함박웃음이다. 아마 이번에 딴 것까지 합하면 3근은 족히 넘으리라. 농약은 치지 않았고, 대신 병이 들면 뽑아서 버리려고 하였는데 신기하게도 탈 없이 잘 자랐다. "농사는 사람이 짓는 게 아니라, 하늘이 짓고 땅이 짓는 것"이라고 하신 선친의 말씀이 생각난다.

고추는 다른 농사에 비해 힘들고 잔손이 많이 간다. 나는 고추 모종을 사서 심으니 그래도 덜하지만, 모종을 내어 고추 농사를 지을 때에는 간난아이 기르듯 한다.

구정 무렵 따뜻한 아랫목에 고추씨를 불려서 며칠 지난 뒤, 발아 직전 3중 비닐하우스에 직파하여 씨앗을 발아시킨다. 본 잎이 두 장 정도 자랐을 때 포트에 하나씩 정성껏 옮겨 심는다. 동해凍害를 입지 않도록 비닐하우스 속에 다시 비닐 터널을 설치하고, 아침저녁으로 물을 주고 물비료를 뿌려 가꾼다. 그리고 고추 심을 밭을 준비하는데, 이랑은 미리 거름과 비료를 주고 장만하여 비닐을 덮어 둔다. 그런 다음 키운 모종을 4월 말이나 5월 초 늦서리 피해가 없을 때쯤 본 밭에 옮겨 심는다. 고추가 제법 파릇파릇해지면 지주로 고정하고, 지상에서 약 20~30cm 정도까지 난 가지를 없앤다. 비가 온 후면 병충해 예방을 위해 약을 치고, 조수 피해가 없도록 주의하는 등 세심한 주의를 기울인다.

7월 말이면 일찍 달린 고추가 빨갛게 익는다. 이때부터 10월 초까지 농부는 고추 따기로 홍역을 치른다. 우리 동네의 경우, 어느 집이든 다 고추를 심었으니 다른 집 고추 따는데 도울 엄두도 못 낸다. 제 코가 석 자인데 어쩌랴? 누운 시체라도 벌떡 일으켜서 일을 시키고 싶은 심정이란다. 낮엔 고추 따고 밤에는 그 고추를 깨끗한 물로 씻은 후 병든 것 골라낸 다음 건조기에 넣어 말린다. 이때 온도와 시간 조절을 잘못하면 십 년 공부 도로아미타불(?)이다. 부부가 불침번 교대로 쪽잠을 자거나 긴 밤을 지새우는 고통의 시간을 보내야 한다. 그런 고행을 거친 고추를 다시 하우스에 넣어 햇볕에 완전히 말린 다음 품질에 따라 선별하여 상인들에게 출하한다. 농사짓는 게 장난이 아니라는 것을 농사를 지어 본 사람은 안다.

대량으로 고추를 재배할 경우에는 고추건조기에 넣어 말리지만, 소량인 경우는 다르다. 호미로 할 일을 포클레인으로 할 수는 없는 일이다. 그냥 발에 널어 장독대 위에서 말리되 속전속결 작전을 쓴다. 가위로 고추를 4등분하여 2~3일에 대부분 말린다. 가을 고추는 웬만해서 상하지 않지만, 여름에는 습도가 높아 쉽게 곰팡이가 피기도 하고, 소나기라도 내리면 '다 된 밥에 코 빠트리기'가 될 수 있기 때문이다. 아내는 최근에 소형 건조기가 나와서 우리 같은 사람에게 인기라고 귀띔하는데 나는 묵묵부답이다. 그까짓 고추 몇 알 말리려고 수십만 원 투자할 필요는 없기 때문이다.

올해는 비가 적고 날씨가 좋아 고추 풍년이다. 풍년이면 값이 곤두박질이다. 고추 시세가 상승세면 장사꾼들이 많이 드나드는데, 올해는 개미 한 마리 얼씬하지 않는다고 푸념이다. 돈 쓸 곳은 많고 추석 장도

봐야 하니, 견디다 못해 고추 장사꾼에게 연락한다. 그런데 모처럼 와서는 이런저런 트집을 잡아 헐값을 매긴다. 한 알의 마른 고추가 되기까지 흘린 땀의 대가가 너무 허무함에 농부는 실망이다. 어떤 이는 속이 상해서 '내년부터 고추 농사 다시는 짓지 않겠다.'고 울분을 토하기도 한다. 하지만 이들이 고추 말고는 별달리 큰돈 쥘 수 없음을 나는 안다. 이들은 내년에도 '울며 겨자 먹기'로 다시 고추 농사에 매달릴 수밖에 없을 것이다.

고추는 농부들의 땀이요 눈물이다. 문제는 그 땀의 대가만큼 손에 쥐는 것이 있어야 하는데, 농자잿값을 제하면 남는 것이 없단다. 농촌에 정착한 지 삼 년이다. 국민 소득 2만 불 시대라고 하지만 농촌의 현실은 1만 불도 안 되는 것 같다. 물론 특용작물이나 과수 등을 대량으로 생산하여 가구당 연간 소득 억대 부자도 있다. 그렇지만 이는 가물에 콩 나듯 하다. 농산물 가격이 오르면 물가 안정을 위해 서둘러 외국에서 수입하고, 가격이 내려가면 '강 건너 불구경'하듯 하니 농민들의 가슴은 숯덩이다. 이 땅에서 대대로 뿌린 대로 거두며 거짓 없이 살아온 이들이 태평가를 부르는 세상은 오지 않는 것일까?

세상이 시끄럽고 어지럽다. 세상 돌아가는 모양새를 도무지 알 수 없다. 위정자들은 농민들의 삶이야 어떻든 안중에도 없다. "눈물에 젖은 빵을 먹어보지 않고서~"라는 유행가가 생각난다. 민심의 저변에 깔린 바를 이해하지 못하는 사람들이 어찌 이들의 눈물과 땀을 닦아줄 수 있을까? 무릇 제대로 다스리고자 하는 이라면, 사회 밑바닥에서 힘겹게 살아가는 사람들과 호흡을 함께 해 보아야 하리라. 내리쬐는 땡볕 한가운데서 구슬땀 흘리며 고추도 따 보고, 아파트 공사 현장에서 막노동하는 이들과 막걸리 사발이라도 나눠봐야 이들의 눈물을 닦아 줄 수 있지 않을까? 한 알의 고추에는 농부의 뜨거운 땀방울이 녹아 있다. 한 스푼의 고춧가루를 자장면에 뿌리면서 다시 한 번 농심을 떠올려 본다. 나는 정말 자장면 한 그릇이라도 먹을 수 있는 자격이 있는 사람일까?

수수 타작

축가

기타 반주의 축가가 잔잔한 은물결인가 했더니, 어느새 걷잡을 수 없는 노도怒濤처럼 밀려왔습니다. 나도 모르게 눈시울이 뜨거워졌습니다. 눈을 껌뻑거리면서 고인 눈물을 멈춰 보려 했으나 허사였습니다. 축복과 환희로 빛나는 혼례식장에서 눈물이라니. 손수건을 꺼내 눈물을 닦으려다 주위의 눈길 때문에 무서워 포기했습니다. 차라리 눈물을 흘리며 앉아있는 것이 더 자연스러울 것 같았습니다. 신부의 두 볼에도 눈물이 주르르 흘러내렸습니다.

신랑 친구가「시월의 어느 멋진 날에」를 부를 때 까지는 젊은 친구가 성량이 매우 풍부하다고 느끼며 기분이 좋아 따라 흥얼거렸습니다. 이어서 신부 측을 대표한 축가가 이어졌습니다. 판타스틱 듀오 윤종신의「오르막길」이었습니다. 가사 자체가 풍기는 분위기도 좀 처연한 느낌이었습니다. 그렇지만 그에 더하여 둘 다 똑같은 장애를 가진 신부의 아버지와 아들이 기타 반주를 하며 부르는 랩은 송림 우거진 하동 섬진강 포구 야외 예식장을 감동의 분위기로 몰아갔습니다.

"이제부터 웃음기 사라질 거야 / 가파른 이 길을 좀 봐 / 그래 오르기 전에 미소를 기억해두자 / 오랫동안 못 볼지 몰라 / 완만했던 우리가 지나온 길엔 / 달콤한 사랑의 향기 / 이제 끈적이는 땀 거칠게 내쉬는 숨이 / 우리 유일한 대화일지 몰라"

라는 랩이 이어질 때는 잔잔한 파도로 가슴에 와 철썩였지만 갈수록 격해지는 래퍼, 신부 남동생의 감정이 점점 가슴을 찔렀습니다.

"사랑해 이 길 함께 가는 그대 / 굳이 고된 나를 택한 그대여 / 가끔 바람이 불 때만 저 먼 풍경을 바라봐 / 올라온 만큼 아름다운 우리 길 / 기억해 혹시 우리 손 놓쳐도 / 절대 당황하고 헤매지 마요"

랩이 흐를 때쯤 신부 얼굴은 웃고 있었지만, 이미 눈물범벅이 된 상태였습니다. 이 때 갑자기 래퍼인 장애인 동생이 외쳤습니다.

"울지 마, 누나. 오늘은 누나와 자형의 날이잖아, 평생 한 번 밖에 없는 날, 웃어, 웃어!"

절규에 가까운 래퍼의 목소리가 하동 포구 송림을 하얗게 덮었습니다. 래퍼도 울고 있었고, 함께 기타를 치는 신부 아버지 얼굴에도 기쁨인지 슬픔인지 눈물이 하염없이 흘러내렸습니다. 친지 중 하나가 신부에게 다가가서 눈물을 닦아주었습니다.

"사랑해 이 길 함께 가는 그대여 / 굳이 고된 나를 택한 그대여 / 가끔 바람이 불 때만 저 먼 풍경을 바라봐 / 올라온 만큼 아름다운 우리 길 ~ 더 이상 오를 곳 없는 / 그곳은 넓지 않아서 / 우린 결국엔 만나 크게 소리쳐 / 사랑해요. 저 끝까지"

눈물이 그칠지 않았습니다. 처음 혼례식장에서 흘려 본 눈물이었습니다. 내 자식 혼례식장에서도 흘리지 않았던 눈물을, 이곳 꾸미지 않은 시골 처녀 같은 섬진강변 송림 야외 예식장에서 흘린 것입니다.

식이 다 끝나고 기념사진을 찍기 직전, 나는 신부 아버지와 래퍼 신부 남동생에게 다가갔습니다. 내가 누구란 걸 밝히고 악수를 청했습니다. 얇고 하늘거리는 손 어디서 저런 선율을 냈을까 하는 생각이 스칩니다. 파리한 얼굴에 왜소한 체격, 휠체어와 목발에 의지한 부자유한 신체 어디에서 그렇게 강인한 에너지가 발산되었을까 하는 느낌도 들었습니다. 장애를 부끄러워하지 않고 당당히 세상에 맞서는 용기가 너무도 존경스럽습니다. 진심어린 축하의 말을 건넸습니다. 노래와 기타 연주가 너무 감동적이었다는 말도 빼놓지 않았습니다.

주례 없는 혼례였습니다. 신랑신부가 자신들이 써 온 혼인 서약을 낭독하고, 신랑 아버지가 성혼 선언문을, 신부 어머니가 딸과 신랑에게 전하는 편지를 낭독했습니다. 일가친척과 가까운 친지들만 모인 가운데 치러진 조촐한 혼례였습니다. 함께 간 친구가 말했습니다.

"야, 이 사람아. 내 오늘 눈물 참느라고 애먹었다. 주위를 둘러보니 여러 사람이 훌쩍거리더라. 자네는 어땠어?"

빙그레 웃으며 그저 고개만 끄덕였습니다. 진실한 몸짓만이 사람의 마음을 감동하게 할 수 있음을 절절하게 느끼는 날이었습니다. 장애인 아버지가 사랑하는 딸을 시집보내는 마음, 장애인 동생이 사랑하는 누이를 시집보내는 마음, 축하와 아쉬움, 미래에 대한 걱정이 담긴 말로 형언할 수 없는 그들의 마음이 혼재된 눈물과 절규였기에 하객들을 울린 것이 아닐까요?

오랜 친구 아들 혼례는 그렇게 끝났습니다. 그렇지만 축가 「오르막길」로 인해 그 어느 혼례 식장보다 더욱 빛나는 자리가 되었습니다. 단연 백미인 축가였습니다. 다시 한 번 핏줄의 끈끈함과 사랑의 위대함을 절감했습니다. 가족의 사랑을 진한 바탕으로 새 출발하는 한 쌍의 부부가 어떤 가시밭길이라도 잡은 손 놓지 말고 헤쳐 나아가기를 빌었습니다. 고개 드니 섬진강변 울울창창한 송림이 더욱더 푸르러 보이고, 포구 저편을 무리지어 비상하는 갈매기가 이들 부부를 희망의 나라로 이끄는 듯합니다.

바랭이

땅을 꽉 움켜쥔 손을 억지로 떼어냅니다. 그제야 흙을 한 움큼 움켜쥔 체 땅에서 떨어져 나옵니다. 허리를 펴고 흙을 탈탈 털어 밭둑으로 던집니다. '아아, 요놈의 바랭이' 넌덜머리가 납니다.

고구마 밭의 바랭이를 뽑았습니다. 바랭이와 진종일 씨름했다고 해야 옳을 듯합니다. 고구마를 심기 전에 이랑을 비닐로 덮어씌웠지만, 비닐이 덮이지 않은 이랑 사이와, 노루나 고라니 등 산짐승이 밟아 뚫어진 구멍마다 어김없이 바랭이가 촘촘히 솟아났습니다. 일부러 씨를 들어부어도 그렇게 소복하게 싹트지는 못할 것 같습니다. 바랭이보다 차라리 고구마를 뽑아서 버리고 싶은 심정입니다.

시골에서 작은 텃밭이라도 가꿔본 사람은 압니다. 생활 그 자체가 잡초와 끝없는 싸움이라는 것을요. 뭐 그럴 리가 있냐고요? 허허, 겪어보지 않은 사람들은 아무리 잘 설명해도 이해하기 어렵지요. 손바닥만 한 자투리땅이라도 농사를 지어본 사람이라면 잡초의 위력이 얼마나 대단한지 설명할 필요가 없습니다. 정성 들여 심어놓은 작물은 물이나 거름이 부족하면 눈에 띄게 지시가 드는데, 잡초는 지시는커녕 가꾸는 작물들의 자리까지 야금야금 빠르게 침범합니다. 그런 잡초의 제왕격인 풀이 바로 바랭이란 놈이지요.

질긴 생명력과 놀라운 번식력은 가히 상상을 초월합니다. 이놈의 생존 전략인 성장 과정을 살펴볼까요? 성장 초기에는 기는줄기를 갖고 옆으로 뻗어 나갑니다. 특이한 것은 마디마다 생장점이 있어서 땅에 닿는 마디에선 또 뿌리를 내려 계속 자기 영역을 넓혀간다는 것이지요. 그러다 때가 되면 이제 에너지를 위로 집중시켜 쑥쑥 자라서 다른 식물들을 덮고 빛을 독차지합니다. 이러니 땅 아래에서도 위에서도 다른 식물들은 맥을 못 추게 되고 바랭이 천지가 되어버립니다.

사촌인 강아지풀 이삭이 한 뭉치로 통통하게 되어 있다면, 바랭이는 여러 갈래의 가느다란 이삭이 위를 향해 쭉쭉 뻗어 있습니다. 마치 뒤집힌 우산살처럼 말이지요. 그러니 종족 번식엔 경쟁력이 뛰어나지요. 줄기는 철사처럼 질깁니다. 날카로운 도구를 쓰지 않으면 자를 수도 없답니다. 그러니 언제 어디서든 처절한 영역 싸움의 최후 승자는 대부분 바랭이랍니다.

저는 강자를 싫어합니다. 태생이 약골이지만 강자에겐 절대로 꺾이거나 휘어지지 않으려 허우적거렸습니다. 세상 역사는 강자들의 기록이지 결코 약자들의 이야기는 아닙니다. 약자들은 늘 짓밟히고 종래에 가서는 이슬처럼 사라질 뿐이었습니다. 생존경쟁의 낙오자. 십중팔구는 종족도 남기지 못하는 기구한 운명의 소유자들이지만, 그들이 더 살갑게 다가왔습니다. 딱하고 애처로운 그들의 형편을 알면 어떻게든 도와주고 싶었습니다. 남들이 선호하는 재능도 재력도 권세도 가지지 못했지만, 제 입장은 늘 약자 편이었습니다. 요정이나 양주 집 보다는 대포집이 좋았고, 힘 있고 돈 많은 엘리트 보다는 사람 냄새 풀풀 나는 서민들에게 정이 더 갔습니다.

바랭이를 싫어하는 가장 큰 이유가 있습니다. 비록 말 못 하는 식물이지만 바로 강자이기 때문입니다. 강자는 어떻게든 때려잡아야 직성이 풀립니다. 어릴 때부터 어떤 강자도 내게는 서로를 인정하는 휴전이나 공존을 제의했습니다. 약자에게는 언제나 관대했습니다. 보살핌의 대상이었으니까요. 내가 재배하는 채소나 곡식들은 잡초에 비해 언제나 약자입니다. 보살피지 않으면 잡초들과의 생존경쟁에서 백전백패입니다. 특히 바랭이는 한두 포기라도 얕잡아 봤다간 큰 코 다칩니다.

이번 고구마 밭 바랭이만 해도 그렇습니다. 애초에 어린 싹일 때 뽑아야 했었는데 이런저런 일로 시기를 놓쳤기 때문이지요. 바랭이가 뽑힌 쪽은 고구마 잎과 줄기가 겨우 기운을 차리는 듯이 보입니다. 바랭이를 뽑지 못한 이랑은 고구마 잎과 줄기가 숨 넘어가기 전 생명체를 연상하게 합니다. 그 억센 줄기와 뿌리로 옭아 조이니 숨만 벌떡벌떡 합니다. 해가 서산마루에 걸린 것을 보니 일을 마쳐야 할 것 같군요. '요놈들, 내일은 모두 요절날 줄 알아라.' 살기 서린 눈빛으로 남은 고구마 밭을 쏘아보지만, 놈들은 콧방귀도 뀌지 않습니다. 바랭이 입장에서 보면 가소롭기 짝이 없겠지요. '야, 이 어리바리한 인간아. 네가 아무리 장창을 써 봐라. 내가 눈이나 껌뻑하는가. 내가 뽑혀 나간다고 세상이 변할 것 같으냐? 넌 고작 몇십 년 촐싹거리다 가고 말 터이지만, 우리는 달라. 이 세상 끝나는 날까지 이 땅에서 싹트고 또 싹틀 테니 두고 보라고!'하고 이랑에서 수런거립니다. 오래 전 본 영화 『대부』가 떠오릅니다. 자르고 잘라도 독버섯처럼 자라는 존재들. 생각만 해도 섬뜩합니다.

그렇습니다, 언젠가 아놀드 토인비가 말했지요. 인간의 역사는 '도전과 응전'이라고, '네 도전은 언제든 받아주마. 내가 이 세상에 살아 있는 한.' 호미 쥔 손아귀에 결기 있게 힘을 줍니다. 점점 커지는 심장의 박동소리를 듣습니다. 사방에 어둠이 살포시 내려앉습니다. 갑자기 허기를 느낍니다.

무리

무리했습니다. 무슨 말이냐고요? 달무리도, 쌀 무리도, 짐승 무리도 아닌, 이치에 맞지 않는 일을 앞뒤 가리지 않고 밀어붙였다는 말입니다. 온몸이 쑤시고 결립니다. 손가락과 발가락, 팔과 다리에 쥐가 나기도 합니다. 제 늙는 것은 까맣게 잊어버리고 '뭐, 요까짓 것쯤이야'하고 얕본 것이 잘못이었습니다. 폭염경보가 내린 상황에서 연거푸 이틀씩이나 부부가 함께 밭일을 했습니다. 큰 탈나지 않은 것만으로도 여간한 다행이 아닙니다. 나야 겁 없이 일을 자초했으니 대가를 치러도 싸지만, 아내야 남편 잘못 둔 죄밖에 더 있습니까?

한 달도 넘게 밭에 가보지 못했습니다. 아마 호랑이가 새끼를 쳐도 모를 정도로 잡초가 산처럼 엉켰으리라고 주절거렸습니다. 그랬더니 일을 잘하지는 못하지만 나도 거들겠다며 아내가 따라나선 것입니다. 혼자 밭에 보내고 집에서 쉬려니 뒤가 켕기는지, 아니면 작열하는 태양 아래 혼자 일하는 남편이 마음에 걸렸는지는 모를 일입니다. 열 길 물속은 알아도 한 치 사람 속은 모른다는 말이 있지요. 하긴 자식들 모두 떠나고 둘만 남아 빈 둥지 지키고 사는데, 혼자 밭에 보내고 나면 속이 편할 리 없겠지요. 부부란 그런 건가 봅니다. 농촌에 사는 노인네들이 항상 그림자처럼 쌍으로 논밭에 나가는 건 그래서인가 봅니다. 에이그, 그놈의 정 때문에.

기름진 땅에 거름까지 넉넉히 주었기에 예상대로 풀이 한 길은 자랐습니다. 빽빽이 자란 풀이 포기와 포기 사이, 이랑과 이랑 사이를 완전히 덮어버렸습니다. 아로니아 나무는 이미 잎에 탄저병이 와서 단풍이 들었거나 많이 떨어졌습니다. 통풍 불량이 가져온 결과입니다. 여기에 더하여 선녀나방이라는 미국에서 건너온 신종 해충과 꽃매미가 나무에 다닥다닥 붙어 진액을 빨아댑니다. 더는 방치할 수 없는 상황입니다.

새벽 5시, 아직 어스름한 여명입니다. 일교차로 결로 현상이 생겨 풀잎에 이슬이 조롱조롱 맺혔습니다. 삼복에 일할 때는 해뜨기 전이나 해 질 무렵이 적기입니다. 이때 제초제를 뿌리면 약발을 잘 받는답니다. 약을 다 타자 어둠이 걷힙니다. 밭에는 일단 풀을 베어낸 다음 제초제를 쳐야 할 것 같았습니다. 나무와 잡초 크기가 비슷하여 그냥 제초제를 치다간 자칫하면 나무까지 죽일 수 있기 때문입니다. 우선 밭 주변만 제초제를 뿌립니다. 해가 뜨지 않았는데도 방제복을 입은 탓에 온몸에 땀이 줄줄 흐릅니다. 오늘은 땀을 한 동이는 흘려야 할 듯합니다. 아내는 시키지도 않았는데 이미 나무 포기 사이 풀을 뽑습니다. 이심전심이란 이런 게 아닌가 합니다.

이랑의 풀 뽑기는 이미 때를 놓쳤습니다. 방제복을 벗고 풀을 낫으로 벱니다. 해가 중천에 올라 열기를 더하더니 숨이 턱턱 막힙니다. 허리를 펴서 하늘을 보니 어찔어찔합니다. 이런 상태로 계속했다간 일사병에 쓰러질지도 모릅니다. 아침 한술 뜨고 일하자고 아내가 손짓합니다. 낫을 놓고 농막으로 향합니다. 옷이 땀에 흠뻑 젖어 후줄근합니다. 밀짚모자를 뚫고 쏟아지는 태양의 열기는 한증막이나 다름없습니다. '굳이 이렇게까지 일해야 하나?' 갑자기 노동에 대한 회의가 듭니다. 건강한 노동의 가치. 오늘 내가 흘리는 땀방울의 의미를 되새김질하며 시계를 봅니다. 9시 30분, 일 시작한 지 4시간 반이 지났습니다. 지하수를 퍼 올려 샤워를 하니 뼛속까지 시원합니다. 열탕에서 나와 냉탕 속을 헤집고 다니는 것 같은 짜릿한 이 상쾌함, 중노동 후 열기를 식혀보지 않은 사람은 아무리 설명해도 이해할 수 없을 겁니다. 땀에 젖은 옷을 대충 빨아서 빨랫줄에 겁니다. 배에서 쪼르륵 소리가 나더니, 밥 한 그릇을 게 눈 감추듯 뚝딱 해치웠습니다. 시장이 반찬이라고 했던가요? 낮잠을 청했습니다. 삼복지간의 한낮엔 잠이 보약이지요.

농촌에서 조그만 텃밭이라도 가꾸어 본 사람은 압니다. 일하다 보면 계획했던 것보다 시간상으로 무리하게 되는 경우가 허다합니다. 특히 귀촌한 사람들은 어릴 때 일 해 본 경험이 있는데도, 하다 보면 계획대로 되지 않습니다. 그 까닭을 곰곰이 생각해보면 늙어서 힘이 예전만 못하다는 것이 주된 원인이고, 수십 년 손 놓고 있다가 새로 시작하니 솜씨가 서툴고 예전 같지 못하다는 것입니다. 테니스 선수가 오랜 기간 쉬다가 코트에 들어가서 라켓을 잡고 경기할 때 실수가 잦은 것과 같은 이치지요.

가만히 생각해 보니 지금까지 살아오면서 수없이 많은 무리를 했습니다. 맡은 일을 추진하면서 실적 때문에 직원들을 몰아붙였던 일, 폭주하는 일을 감당하느라 수많은 밤을 지새운 일, 건강은 생각지도 않고 만취할 때까지 퍼마신 다음 날 숙취의 고통에 시달리던 일, 그런데도 무리로 인한 뼈아픈 낭패를 금방 잊어버리고 다시 무리수를 씁니다.

이 정도면 건망증도 금메달감입니다. 또 앞으로 얼마나 더 많은 무리를 하면서 살아갈지 자신이 겁납니다. 연일 뉴스에서 들려오는 새 정부의 무리수가 점입가경입니다. '권불 십 년'이며 '재불 삼대'라 했던가요? 무리하지 않고 물 흐르듯 사는 일, 최고의 선은 물과 같다는 노자의 상선약수上善若水가 유난히 다가오는 날입니다.

피를 뽑다

나락 잎이 얼굴과 목을 사정없이 찌릅니다. 한 번이라도 피를 뽑아본 사람은 알겠지만, 무논에 피를 뽑는 건 여간 힘이 드는 작업이 아닙니다. 발은 쑥쑥 빠지지요, 땀은 비 오듯 하지요, 나락은 밟으면 안 되지요, 꼭 외나무다리 건너는 심정이라 할까요? 나락 줄기를 살살 뒤져서 피와 나락을 구분한 뒤 나락이 상하지 않게 피만 제거해야 합니다. 잘못해서 피와 나락을 함께 뽑아버리면 십년공부 도로아미타불이 됩니다. 뽑은 피를 논둑으로 던질 때도 조심해야 하지요. 잘못 던지면 몸의 균형이 흐트러져서 나락 논에 철퍼덕 넘어지기라도 하면 '다 된 밥에 코 빠지기'가 될 수도 있습니다. 그런데 요놈의 피가 나락과 비슷하게 생겨서 민완 형사가 범인 잡을 때만큼이나 꼼꼼히 살펴야 찾아낼 수 있을 정도로 오리소리 하답니다. 겉으로 슬쩍 보아서는 결코 구분이 잘 안 되는 나락 사촌이니까요.

그러고 보니 동생이 다리를 다쳐 병원에 입원한 지도 벌써 두 달이 넘었군요. 농사일에 숙맥인 제가 야구로 치면 대타랍니다. 힘은 힘대로 들고 서툴기 그지없어요. 가뭄이 심해서 논에 물을 대어도 금방 말라버리니 연일 가뭄과의 전쟁입니다. 여기에 '백수가 과로사한다'고 웬 볼일은 그리 많은지 일 좀 하려 하면 여기저기서 불러댑니다. 피 뽑기 작업도 더는 늦출 수 없어 시작했는데 영 진도가 나가지 않는군요. 다리도 아프고, 허리는 뒤틀립니다. 더하여 목이 마릅니다. 이런 때 시원한 막걸리 한 사발 쭈-욱 들이키면 딱 좋겠지요? 그러나 어쩌겠어요, 논바닥이니 술병 들고 들어올 수도 없잖아요. 남산골샌님 추위 나무라듯 요놈의 피, 눈에 띄기만 해봐라. 요절을 내고 말 터이니. 벼르고 또 벼릅니다.

피는 참 염치없는 족속입니다. 남이 깔아 놓은 자리에 제가 먼저 죽치고 앉아 넙죽 밥상을 받지요. 무슨 소리냐고요? 농부가 거름이라도 주면 제가 먼저 빼앗아 먹어요. 더구나 금방 쑥쑥 자라서 나락을 아예 깔아 뭉개버리고 제가 주인 노릇 합니다. 어디 그뿐입니까? 나락보다 일찌감치 대궁을 올려 씨앗을 맺고 여무는 시간도 나락보다 훨씬 빠릅니다. 자칫 뽑는 시기를 놓치기라도 하면 뽑으나 마나입니다.

가만히 들여다보면 자연계도 인간 세상을 어찌 그리 쏙 빼닮았는지 모르겠습니다. 피처럼 살아가는 족속들. 아니, 그렇게 살아야 적자생존이 가능한 것처럼 보이기도 합니다. 내 친구 중에 평생을 피땀 흘려 기업을 일으킨 착하디착한 이가 있습니다. 얼마 전 협잡꾼에게 걸려 '연구개발'이라는 이름으로 전 재산을 날치기당했다는군요. 마른하늘에 날벼락 맞았다나요? 교묘한 약탈자의 가면은 늘 양이나 목자이지, 늑대나 호랑이는 아니었다면서 대폿집에서 씁쓸하게 한 마디 뱉었어요.

"세상 참 요지경이야. 평생 죽자고 호박씨 까서 순진하게 너구리 한 입에 탈탈 털어 넣고 말았어. 누구를 원망해. 사방에 낚시꾼이 깔렸어. 달콤한 유혹에 덥석 미끼를 문 순간 아차 했지만 때는 늦었어. 내가 바보야. 세상을 몰라도 너무 몰랐어."

학교에서 아이들을 가르칠 때 일입니다. 아주 교묘하게 내 눈을 피해 친구들을 괴롭히는 아이가 간혹 있었습니다. 이문열의 『우리들이 일그러진 영웅』에 등장하는 주인공 한병태 같은 부류가 있는가 하면, 로버트 루이스 스티븐슨이 쓴 소설, 『지킬 박사와 하이드씨』와 유사한 아이도 있었습니다. 나는 늘 그들의 장래가 걱정되었습니다. 야단도 쳐보고 보듬기도 타이르기도 인정해 주기도 했지요. 그랬지만 그때 뿐 대부분 학년말이 되어도 행동에 변화가 없는 경우가 많았습니다. 무논의 피 같으면 골라내어 뽑기라도 했을 터인데 그렇게 할 수도 없었습니다. 그들은 지금 사회에서 어떤 일을 하고 있을까 상상해보니 갑자기 어쩌지 못한 내가 미워집니다.

모심기할 무렵 피를 가려내기란 농사의 달인 정도 되어야 구별할 수 있습니다. 그래서 대부분 뽑는 시기를 놓쳐버립니다. 줄기가 어느 정도 자라 이삭이 올라 올 무렵부터는 쉽게 구별됩니다. 우리 사회의 어두운 뒷골목에서 무논의 피와 같이 살아가는 사람들, 그들도 좀처럼 남의 눈에 띄지 않습니다. 그러나 오랜 시간이 지나면 범행이 차츰 더 대담해지고 그로 인해 무논의 피처럼 서서히 정체가 드러납니다.

신문 사회면이나 뉴스에서 우리 사회의 치부를 접할 때마다, 나는 우물 안의 개구리였음을 절감합니다. 세상 물정 모르고 살아온 내가 미욱하기도 하고, 어떻게 살아야 할지 막막하기도 합니다. 통신 기술이 발전하고 전자 화폐가 보편화하면서 '보이스 피싱'이라는 범죄가 생겨났습니다. 유비쿼터스 시대가 되자 범죄도 시대에 맞춰 발전한 거지요. 온 세상을 불순한 무리가 거미줄을 촘촘히 쳐 놓은 것 같아 숨이 탁탁 막히기도 합니다. 그러다가 어린 피붙이들이 세파를 어떻게 헤쳐 나갈까 하는 망상에 이르면 소름이 돋기도 합니다. 얼굴과 온 몸이 땀 범벅입니다. 이럴 때 시원한 하늬바람이라도 한줄기 불어오면 좀 좋겠습니까? 나락 포기 속에 몸을 숨긴 피를 하나하나 골라 뽑아내는 손아귀에 더욱 힘을 줍니다. 세상 모든 악의 무리를 피처럼 뽑을 수만 있다면 좋겠다는 생각하면서 고개를 들어 봅니다. 오늘따라 하늘이 유난히 높습니다. 가을은 가을인가 봅니다.

들풀

'들풀', 들녘을 빼곡히 메우고 있는 풀 아니냐고요? 그렇습니다. 시골에서는 눈만 뜨면 볼 수 있는 풀을 이르는 말이지요. 그러나 이야기하려는 들풀은 제가 자주 들락거리는 대폿집 이름입니다. 지구촌 시대에 촌스럽게 '들풀'이 뭐냐고요? 하기야 요즈음 술집 이름도 꼬부랑글씨를 우리말로 삐딱하게 적은 술집이라야 유식해 보이고, 젊은 사람들도 많이 모인다는군요. 어디는 연령 제한이 있다지요? 그러나 '들풀'은 머리부터 발끝까지 완전 촌놈인 제게는, 한없이 푸근하고 정겹게 다가오는 말입니다. 마음이 울적할 때나 고향 친구와 한잔 나누고 싶을 때에는, 나도 모르게 마음이 끌려 '들풀'을 찾아가지요.

아련한 추억을 자극하는 상술을 '추억 산업'이라 한다지요? 그런 의미에서 '들풀'도 나 같은 시골 출신에게 추억을 공유하는 사업이라고 볼 수 있지요. 추억을 공유하는 술집이라니? 생각할수록 발상이 상큼하고 재미있네요. 그리고 또 있네요. 우리 사회 밑바닥에서 들풀처럼 살아가는 삼등 인생. 고된 노동과 생활고에 지친 이들이 한잔 술로 서러움을 달랠 수 있는 싸구려 주막이 떠오르네요. 그렇다면 뭐 그럴듯한 이름이 아니겠는지요.

이 집 상차림은 어떠냐고요? 생각만 해도 옛 향수를 떠올리게 하는 먹거리랍니다. 막걸리에 부침개와 두부, 메밀묵과 도토리묵, 해장국에 나오는 텃밭 채소 등이 정갈합니다. 출출한 사람은 배부터 채우라며 공깃밥도 있어서, 날품으로 살아가는 서민들에게는 건설 현장의 밥집 같은 곳이랍니다. 이 집의 주요 메뉴는 뭐니 뭐니 해도 푸짐하게 나오는 매콤한 고추전과 구수한 해물파전입니다. 오천 원 하는 이것 한 접시 시키면 손님들이 막걸리 몇 병쯤은 마파람에 게 눈 감추듯 하지요.

'들풀'의 실내 장식을 살펴볼까요. 출입문은 시골 초가집의 부엌문을 그대로 옮겨 달았네요. 구석진 곳에 음식을 만드는 부엌이 있고, 판자로 얼기설기 엮어 손님 받는 홀과 구분했군요. 처마에 신을 벗어 마루로 올라가면 펑 무질러 앉아 먹을 수 있는 식탁이 있어요. 아래쪽 홀에는 한 테이블에 넷씩 앉을 수 있는 식탁과 의자가 있어서, 필요에 따라 붙이거나 뗄 수 있게 되어 있습니다. 집기가 모두 거칠고 투박한 나무입니다. 제재소에서 켠 판자를 대충 잘라 만든 것이고, 마룻바닥도 대패질만 대충 했을 뿐 가난한 시골집 툇마루를 떠올리게 합니다. 벽과 마루 장식품이 가관입니다. 산치와 지게를 비롯하여 바소쿠리, 가마니 바디, 삼베 바디와 물레, 소코뚜레와 워낭, 호롱, 떡판, 싸리독 등, 옛날 시골에서 사용하였던 생활용품이 향수에 젖게 합니다.

주인과 종업원의 품새를 한 번 볼까요. 모두 개량 한복을 입고 머리는 수건으로 질끈 동여매었습니다. 꾸미지 않은 농군이나 머슴의 모습입니다. 뭐가 그리 신나는지 싱글벙글 웃는 모습이 정겹습니다. 쓸개는 전당포에 두었는지, 손님의 거친 말에도 대답하는 말본새가 사근사근하네요.

아, 마침 구석자리가 눈길을 끄는군요. 찌그러진 양은 주전자로 빛바랜 양은 잔에 막걸리를 콸콸 부어 건배하는군요. 허름한 작업복 차림에 피곤이 아침 안개처럼 고즈넉이 내려앉은 모습입니다. 고성을 지르다가 탄식하기도 하고 허허로운 너털웃음을 날리기도 합니다. 그렇군요. 저렇게라도 울분과 한을 내뱉어야 속병이 조금이라도 가라앉는 모양입니다. 갑자기 참, 인생 별거 아니라는 생각이 드는군요.

'들풀'은 하수구입니다. 한 잔 술에 토해내는 서민들의 애환이 철철 넘쳐흐르는 하수구 말입니다. 이곳에는 찌그러진 막걸리 주전자를 닮은 인생이 있습니다. 누룩 냄새 풀풀 날리는 공간에는 쉴 새 없이 감정의 폭포수가 운무로 떨어집니다. 세련되고 돈 많은 사람이 모이며, 귓속말로 사업 얘기 나누는 요정이나 양주 집과는 판이합니다. 이 땅의 바닥을 살아가는 사람들의 눈물이 있고, 울분과 탄식을 쏟아내는 장마당이 바로 들풀입니다. 그뿐만 아닙니다. 이웃의 아픔을 보듬어주는 동네 병원이기도 하지요. 모두가 고개 끄덕여 주고, 마음을 다독여주는 모습이 정신과 의사를 닮았네요. 이곳에 함께 앉아 이 시대를 호흡하는 들풀의 하소연을 듣노라니 가슴 속 생채기가 어느새 아무는 듯합니다. 이것이 제가 '들풀'을 좋아하는 까닭이기도 합니다.

그럼 들판의 풀은 어떨까요? 그들 또한 '들풀' 풍경과 별반 다르지 않습니다. 누가 뭐라 하든 순응하며 자연의 법칙에 따라 살아갑니다. 바람결에 쓰러져 먹이로 뜯기며 때로는 짓밟히기도 하지만, 절대 좌절하지 않습니다. 봄에 싹 틔우고 여름에 줄기를 뻗어 꽃을 피웁니다. 가을엔 자신의 분신인 씨앗을 날리고, 으스스 귀 시린 초겨울이면 미련 없이 생을 마감하고 검불로 사라지지요.

그들은 서로의 뿌리와 잎을 섞으며 함께 삽니다. 서로 비슷한 듯하지만, 제각기 다른 모습입니다. 뿌리 내린 땅에서 생을 마감하는 날까지 자신에게 주어진 본분을 다하는 거룩한 존재, 누군가 돌보아 주기를 바라지 않으며 알아주거나 기억해 주기를 바라지도 않습니다. 민들레는 민들레답고 달개비는 달개비답게 살지요. 보잘것없지만 독특한 존재이기에 대폿집 '들풀' 풍경을 쏙 빼닮았습니다. 그래서 더욱 은근히 다가오는 이름인지 모르겠습니다. 들풀처럼 살아온 나도 시원한 막걸리 한 사발 해야겠습니다. 그래야 함께 '들풀'에 어울리는 풍경이 되겠지요.

불청객

02

옷 — 짐을 벗다 — 가시박과 들풀 — 굽은 나무 — 부나비 — 몸을 낮추다 — 바랭이 예찬 — 불청객 — 해맞이 — 황지 연못에 서서 — 부모님께 당신을 선물하세요

옷

정기 인사 때 임기가 만료되어 전직했습니다. 갑옷처럼 묵직하던 옷을 벗었습니다. 몸과 마음이 공중에 뜨는 느낌이랄까요? 그냥 푸르게만 보였던 창밖 가로수 잎들이 햇빛을 받아 눈부십니다. 비둘기 마음은 늘 콩밭에 있듯이, 제 마음 또한 학교에 있었습니다. 장학관이란 옷을 입은 지 5년, 옷을 벗은 지금의 마음이 이렇게 편한 걸 보니 짧지 않은 세월 동안 분명 제 몸에 맞지 않은 옷을 입고 있었던 모양입니다.

인생을 연극이라 했지요. 세상 사람 모두가 태어나면서부터 자신의 배역을 좋든 싫든 수행해야 합니다. 부모와 자식처럼 하늘이 내린 배역도 있지만, 판사나 국회의원, 의사, 간호사, 교사 등과 같이 자신이 선택한 배역도 있습니다. 교육자는 자신이 선택한 배역입니다. 보이지 않는 손인 연출자는 누군가가 교육계에 발을 딛는 순간, 그의 격에 맞는 진열대의 옷을 입힙니다. 크기나 모양과 색깔 등은 따지지 않습니다. 중요한 것은 그가 그 옷을 입을 적격자이든 부적격자이든 형식적 기준만 통과하면 상관하지 않는다는 점 또한 운명적이라고나 할까요?

주어진 기간 동안 그렇게 누군가 입다 벗어 둔 것을 내 옷인 양 입고 다녔습니다. 몇십 년에서 몇 년간 옷에 몸을 맞추어 입고 다녔습니다. 어떤 이는 처음 입은 한 벌 옷을 끝까지 입다가 정년퇴직하고, 어떤 이는 입은 옷이 마음에 들지 않아서 이내 옷을 벗기도 합니다. 자의 반 타의 반 교직에 몸담는 동안 격이 다른 옷을 여러 번 갈아입었습니다. 신임 교사란 옷부터 주임교사, 교감, 장학사, 교육연구사, 교장, 학무과장, 교육장 등 입을 수 있는 옷은 다 입어 보았습니다.

이제 내가 입었던 대부분의 옷은 반납했습니다. 제가 물려준 옷을 입고 다니는 후배들의 모습에서 그때의 모습을 되돌아봅니다. 웃기는 것은 선배들이 내가 입은 옷을 입고 있을 때에는 폼도 나고 부러웠습니다. 그런데 막상 내가 그 옷으로 갈아입고 보니 별로 폼도 나지 않을 뿐 아니라 오히려 거추장스럽기까지 했습니다. 뒤척이는 마음을 다잡고 곰곰이 생각해 보면, 아마 제겐 맞지 않는 옷을 입었기 때문이 아니었을까요?

'옷이 날개'라 했습니다. 무슨 옷을 어떻게 입느냐에 따라 품격이 달라진다는 말입니다. 양복점에서 옷을 맞추어서 입어야 폼이 나는데, 저는 늘 기성복 파는 집에서 후줄근한 옷을 적당히 골라 입고 다녔습니다. 사람을 제대로 보는 사람들 눈에 비친 저는 얼마나 우스꽝스러운 모습이었을까요? 옷에 몸을 맞추고 살았던 세월, 눈치가 형광등인 저는 사십여 년이라는 긴 세월을 그렇게 어릿광대처럼 살아온 것입니다.

가만히 생각에 잠깁니다. 몸에 맞는 옷이든 맞지 않은 옷이든 따지지 말고, 느낌으로 따져서 마음에 쏙 드는 옷은 어떤 옷이었을까? 꼭 집어서 '이거다' 할 수는 없겠지만, 아직도 미련이 남는 건 교사라는 옷입니다. 아이들의 천진난만한 웃음이 있어 좋았습니다. 그들이 스스로 배우는 모습에서 희열을 느꼈습니다. 비 온 뒤 초목이 잘 자라듯 하루가 다르게 몸과 마음이 쑥쑥 커지는 모습에서 삶의 열정이 생겼습니다. 지금은 다시 입을 수 없는 옷입니다. 굳이 입으려 한다면 입을 수 있겠지만, 모양새가 말이 아니게 될 터입니다. 어제 아침 운동장에서 아이들과 함께 줄넘기하는 젊은 선생님의 모습에서 젊은 날의 나의 모습을 보았습니다. 참 철도 없던 시절이었습니다.

잠시 진열대에 걸어두었던 교장이란 옷을 다시 꺼내 입었습니다.

때가 꼬질꼬질하게 묻을 때까지 입을 옷은 아닙니다. 그렇다고 금방 벗어버릴 옷도 아닙니다. 요즈음 퇴직 후 연금이 줄어든다고 하니, 약삭빠르게 명예퇴직이란 말로 옷 벗는 소리가 요란합니다. 돈이 모자라 신청자의 일부만 대상자가 된다고 합니다. 미련한 곰처럼 굴지 말고 제발 남이 장에 가거든 거름지고라도 따라가 보라고 합니다. 그러나 그러기는 싫습니다. 연금이 반 토막 나더라도, 폼 나지는 않겠지만 정년까지 제 자리에서 옷에 몸을 맞춰 가면서라도 서 있고 싶은 심정입니다.

나이 들면 회귀 본능이 있다고 합니다. 교직에 몸담고 한 번도 고향 후배들과 함께하지 못했습니다. 고향을 위해 무언가 작은 것이라도 하고 싶습니다. 월나라 새가 남쪽 가지에 둥지를 틀고 호마가 북풍을 그리듯 나 또한 그러합니다. 해가 서산에 걸려 뉘엿뉘엿 하지만, 게으른 농부 해 질 녘 바쁘게 설치듯, 작디작은 무엇 하나라도 제대로 남긴 후 마무리하고 싶습니다. 회귀본능에 의해 수만 킬로미터를 헤엄쳐 온 연어가 고향 개울에 산란하고 그 육신마저 거름으로 남기듯이 말입니다. 자연의 이치란 그런 것이 아닐까요? 이미 산 그림자 길게 늘어서고 옷자락에 노을빛이 아슴아슴합니다. 입은 옷의 격에 맞게 매무새를 다듬고 바르고 슬기롭게 그리고 당당하게 제 길을 가야겠지요?

짐을 벗다

지게나 등짐을 지기 위한 긴 끈인 짐바를 이용하여 짐을 나르던 시절이 있었다. 가을걷이 때 볏단을 져서 날랐고, 봄에는 거름을 바지게로 져서 날랐으며 그리고 겨울이면 산에서 땔감도 그렇게 날랐다. 이때 생나무나 곡식, 돌 등은 부피는 얼마 되지 않았지만 무거웠다. 힘에 버거운 짐은 지고 얼마 지나지도 않았는데 어깨가 내려앉는 느낌이다.

짐 생각만 하면 떠오르는 장면이 있다. 초등학교 5학년 때이다. 밀가루를 빻으러 어머니와 함께 이웃 동네 방앗간에 갔다. 거리가 집에서 약 십 리 정도이지만 고개가 두 개나 있어서 가기 싫은 길이었다. 갈 때 어머니는 머리에, 나는 지게에 그해 타작한 밀을 지고 갔다. 시원한 날씨에 아침도 든든히 먹은 터라 방앗간까지는 크게 힘 안 들이고 갔다. 점심때가 훨씬 지나서야 방아를 다 찧었다. 올 때는 배도 실쭉하고 날이 무척 더웠다. 그냥 걷기도 힘든 삼복지간이라 짐을 지고 백여 미터도 못 왔는데 땀이 비 오는 듯했다. 힘겹게 집으로 반쯤 왔을까? 고개를 내려오다 어머니가 발을 헛디뎌서 발목을 삐셨다. 부러지지 않은 것만 해도 불행 중 다행이었다. 그러나 발목이 그러하니 도저히 자루를 머리에 일수 없었다. 할 수 없이 밀가루는 내 지게로 옮겨졌다.

지게 작대기에 힘을 주어 겨우 일어서니 다리가 후들거렸다. 그렇지만 짐을 벗을 수 없었다. 개미 짐 옮기듯 조금씩 가다 쉬기를 얼마나 거듭했는지도 모른다. 집에 도착했을 때는 아버지가 오후 일 나가시는 늦은 시각이었다. 기진맥진한 몸이었지만, 무사히 짐을 옮겼다는 안도감과 어깨를 내리누르던 중압감에서 해방되자, 대청마루에 큰 대자로 널브러지니 너무 편안했다.

며칠 전 공무원연금공단에서 실시하는 퇴직자 사회 적응 연수를 다녀왔다. 평생직장으로 알았던 교직에서 물러날 때가 된 것이다. 아직 정년까지는 한 해가 더 남았지만, 미련 없이 명예퇴직의 길을 선택했다. 함께 같은 길을 걸어왔던 동기들이 모두 떠난 자리, 나 혼자 남아 후배들에게 짐이 되지 않겠다는 생각 때문이다. 막상 퇴직을 결심하고 나니 마음이 홀가분하다. 무거운 짐을 지고 목적지에 도착해서 짐을 내려놓았을 때보다 더 큰 편안함이 느껴진다. 성경에서 말하는 '내게 강 같은 평화'란 이런 것일까?

돌아보니 40년 넘는 공직 생활 동안에 어느 하루 홀가분한 날이 없었다. 늘 내 어깨를 짓누르는 벅찬 짐이었다. 누가 대신 져 줄 수도 없는 중압감에 마음 편할 날이 없었다. 흔하디흔한 해외여행도 화중지병이었다. 몇 해 전부터 내가 맡고 있던 각종 직책을 하나씩 내려놓았다. 퇴직을 눈앞에 둔 때문이다. 여러 가지 중책을 맡아달라고 주위에서 강권한 적도 허다했지만 빙그레 웃으며 완곡히 사양했다. 하나씩 짐을 벗을 때마다 어깨가 가벼워지니 괜히 기분도 좋아진다. 내가 책임져야 할 일이 아니라는 생각이 드니 마음마저 고요해진다. 각종 모임의 고문이나 자문위원 등은 허울뿐이니 부담될 것까지는 없다. 그렇지만 그마저도 싫다. 내려놓으니 이리 편안한 걸, 퇴직하고 나면 조용히 초야에 묻혀 세상사 잊으며 살고 싶다. 문득 '아홉이랑 밭을 갈고 땅콩도 심고.'라고 읊조리던 어떤 시인의 말이 떠오른다. 홍진에 썩은 명리야 보고 싶지도 듣고 싶지도 않다.

흔히 퇴직은 인생 2막이요, 인생 후반전이라고 하면서 재취업이나 자신에 맞는 일자리를 만들기도 한다. 어떤 이는 평생토록 직장에 매여 놀지 못했으니 이제부터 골프도 하며 여행도 다니고, 사람들도 사귀고, 남은 인생을 즐기겠다며 기염을 토하기도 한다. 주위의 많은 사람이 내게 "퇴직하고 나면 뭘 할 거냐?"고 귀찮을 정도로 묻는다. 참 궁금한 것도 많은 사람이다. 나는 그냥 빙그레 웃을 뿐이다. 그러면 내가 할 만한 일들을 열거하며 관심 분야가 무엇인지 살피기도 한다. 너무 귀찮게 굴면 '퇴직하고 쉬면서 무엇을 할 것인지 찾아보겠다'하고 얼버무린다. 나는 이제 다시는 무거운 짐을 지고 싶지 않다. 남은 생애에 내 하고 싶은 일을 하면서 있는 듯 없는 듯 살다가 뭉게구름 흩어지듯이 사라지고 싶다. 이 세상에 올 때 빈손으로 왔듯이 떠날 때도 역시 빈손으로 떠남이 순리이다.

내려놓음만큼 소박한 삶이 어디 있겠는가? 법정 스님의 무소유가 뇌리를 스친다. 소유하지 않음과 짐을 벗음은 정도의 차이는 있으나 맥락은 비슷하다. 아무것도 갖지 않는다는 것은 깨달음을 얻은 도인들이나 할 일이다. 그러나 도인이라도 과연 살아가려면 그게 가능한 일일까? 갑남을녀로 살아가는 나 같은 사람에겐 언감생심이다. 내가 짐을 벗는다고 함은, 가진 직책이나 명예 욕망 등을 하나씩 내려놓는 정도이다. 그동안 힘에 벅찬 짐을 지고 정신없이 앞만 보고 달려왔다. 이제는 뒤도 돌아보며 인생길 쉬엄쉬엄 호흡 가다듬으며 걸어가리라. 물 좋고 정자 좋은 곳 있으면 퍼질러 앉아 쉬기도 하고, 짐이 힘겨워 허우적거리는 사람 도우면 더욱 의미 있는 삶이 되지 않을까? 살아온 길 아쉬움 남아 졸시 한 편 「짐을 벗으며」로 맺는다.

뜬구름 고갯마루 짐 벗고 돌아보니

굽이굽이 가시밭길 멀리도 헤쳐왔네
산적한 남은 일일랑 뒷물결에 맡기고

아득히 하늘 멀리 홀로 뜬 송골매야
말 많고 탈도 많은 인간 시장 너도 싫었나
흙 내음 반딧불 밤을 함께 쉬어 가자.

가시박과 들풀

까마중, 갈대, 댑싸리(야관문), 바랭이, 방동사니, 도깨비바늘, 소리쟁이, 쇠무릎(우슬), 억새, 여뀌, 진득찰, 명아주, 며느리배꼽풀, 며느리밑씻개, 도꼬마리, 가막살이(독가시), 환삼덩굴, 쇠비름, 강아지풀, 클로버, 양지꽃, 개망초, 달개비, 꿀풀, 쑥, 질경이, 민들레 등, 모두 우리나라 소박한 들풀이다.

흔히 볼 수 있지만, 눈여겨보지 않고 무심히 지나치는 존재이다. 들풀은 그 종류만큼이나 모양과 크기가 다양하며, 꽃이 피는 시기와 열매 맺는 시기도 다르다. 어떤 풀은 이른 봄에 싹을 틔웠다 서리가 내리는 늦가을까지 열매를 매달고 있다. 여름을 넘기지 못하고 생을 마감하는 풀도 있다. 사람이나 동물에게 유익한 풀이 있는가 하면 독초도 있다. 다른 식물과 함께 살아가는 종도 있지만, 주위 다른 생명체의 생존을 위협하는 종도 있다.

시인 류시화의 「들풀」이 마음에 끌린다.

"들풀처럼 살라 / 마음 가득 바람이 부는 / 무한 허공의 세상 / 맨몸으로 눕고 / 맨몸으로 일어서라 / 함께 있되 홀로 존재하라 / 과거를 기억하지 말고 / 미래를 갈망하지 말고 / 오직 현재에 머물라 / 언제나 빈 마음으로 남으라."

대부분 한해살이인 들풀의 속성이 '무소유의 영혼'일 수밖에 없다. 봄이 오면 싹 틔우고 여름이면 몸집을 불려, 자신의 분신을 남기기 위해 꽃을 피운다. 따가운 가을 햇살에 열매를 익혀 퍼트릴 때쯤이면, 우아하고 당당하던 모습은 찾아볼 수 없다. 여름내 짙푸르던 몸이 누렇게 또는 거무죽죽하게 변하면서 생을 마감하고 볼품없는 검불로 사라진다. 시의 가장 큰 역할은 낯익음 속에 감춰져 있는 낯섦의 세계를 발견해 내는 것이라 했다. 류시화의 시 「들풀」이 그렇다. 무심히 지나쳐 버릴 수도 있는 들풀의 삶을 자세히 들여다보며, 그들이 사는 모습을 사유함으로 감동을 준다.

많은 사람은 양지를 추구하려 한다. 널리 남에게 봉사하고 배려하거나, 자신을 희생하여 많은 사람에게 덕을 베푼다. 그런가 하면 남을 못살게 하고 약탈하며, 잔꾀나 권력을 이용하여 세상을 어지럽히며 생명을 위협하는 사람도 있다. 음습한 곳에서 사회에 해를 끼치는 독버섯이다. 사람 사는 세상이 천층만층 구만 층이라는 말에 공감이 간다.

가시박이란 식물이 있다. 산과 들을 뒤덮고 있는 오이 덩굴처럼 생긴 풀이며, 귀화한 대표적 생태계 교란 식물이다. 워낙 병충해에 강하고 세력이 강해, 원래 수박이나 오이 접붙이기용으로 수입되었다고 한다. 가시박은 넓은 잎과 덩굴손으로 다른 나무나 들풀을 타고 올라가 햇볕을 차단한다. 민들레 씨앗처럼 바람에 날려 멀리까지 씨앗을 퍼트릴 수 있어 번식력이 상상을 초월한다. 민물에서 배스나 블루길 같은 외래 어종이 생태계를 파괴하듯, 지상에서는 가시박이 점령군 행세를 한다. 뒤늦게 지방 자치단체에서 가시박 제거에 힘쓰고 있으나 역부족이다. 어떻게 해야 이들의 위세를 꺾을 수 있을지 걱정스럽다.

가시박은 우리 사회에도 엄연히 존재한다. 한때 우리나라의 입법기관까지 덩굴을 뻗고, 정부 요소에 씨앗을 퍼트리기도 했다. 정부가 하려는 일에 사사건건 태클을 걸고, 걸핏하면 불법 집회와 시위를 한다. 그러다가 한 사람이라도 다치면 "고쳐내라. 살려내라."고 생트집이다. "내가 하면 로맨스고 남이 하면 불륜"이라는 식이다. SNS를 통하여 거짓 정보를 확대 재생산하거나, 올바른 정보를 차단하여 사회를 어수선하게 만들기도 한다.

북한에서 수소폭탄 실험을 했다. 이어 광명성 4호 인공위성을 지구 궤도 위에 쏴 올리는 데 성공했다고 발표했다. 미국 정보 당국은 광명성 4호가 인공위성이 아니라 핵탄두를 나르기 위한 미사일이라고 주장한다. 주민이야 죽건 말건 전쟁 준비에 광분하는 독재자의 모습에서 가시박이 겹쳐진다. 세계의 이목이 북한으로 쏠리고 있다. 한반도가 가시박 넝쿨에 뒤덮여 있다. 가시박이 어제 세계를 향하여 협박했다. "자신을 건드리면 그 누구도 그냥 두지 않을 것"이란다.

큰 비가 내릴 듯 잔뜩 찌푸린 하늘이다. 이를 아는지 모르는지 다수의 민초는 묵묵히 자신에게 주어진 삶을 이어간다. 이들이 살아가는 모습에 자꾸 들풀이 겹쳐진다.

들판에 사나운 비바람이 분다. 비바람에 꼿꼿이 맞서는 풀은 찾을 수 없다. 하나같이 몸을 맡겨 순응한다. 그러나 비바람이 지나가면 바로 일어선다. 한여름의 타는 목마름도 묵묵히 견디고, 태풍과 침수에 시달려도 불평 없이 끈질기게 생명을 이어간다. 가시박이나 단풍잎돼지풀 같은 점령군에게 속수무책으로 목숨을 잃기도 한다. 그러나 그들은 언젠가 더 좋은 세상이 오리라는 희망을 잃지 않는다. 땅속 깊숙이 씨앗을 묻은 체 내일을 기약한다. 그런 끈기를 지닌 들풀이기에 넉넉한 눈길을 줄 뿐이다. 주어진 데로 말없이 사는 들풀의 존재를 생각해 본다.

굽은 나무

굽은 나무를 아십니까? 베어서 장작으로 쓰려 해도 뒤틀리고 굽어서 베기 싫은 나무, 비바람에 꺾이고 휘어졌는가 하면, 덩굴 식물이 줄기나 가지를 휘감아 보기 흉하게 생긴 안쓰러운 나무, 바위틈을 헤집고 타들어 가는 목마름과 매서운 삭풍을 이겨내고 자란 한 폭의 동양화 같은 나무, 이런 것들이 굽은 나무의 전형이라 하겠습니다. 역설적이지만 낙락장송으로 자란 나무들은 하나같이 아무짝에도 쓸 수 없는 나무였기에 베어지지 않고 온갖 풍상에도 굳건히 살아남았다는 거지요.

좋은 환경에서 무럭무럭 자라서 올곧게 쭉쭉 뻗은 나무는 다 자라기도 전에 목수들에게 서까래 감으로 잘려갑니다. 용케 살아남은 나무도 세월이 흘러 더 굵어지면 대들보 감으로 잘려나갑니다. 억세게 운이 좋아 아름드리로 자란 나무도 결국엔 기둥으로 잘려 나갈 수밖에 없는 운명을 타고났습니다. 그래서 끝끝내 살아서 쓸모없는 굽은 나무만 남게 된다는 것입니다. 쓸모 있는 나무들이 다 잘려 나간 자리, 오직 굳건히 자리를 지키는 나무는 굽은 나무뿐입니다. 그래서 '굽은 나무가 선산을 지킨다.'는 말에 한결 공감이 갑니다. 쓸모없어 보이던 나무가 오히려 쓸모 있는 나무로 탈바꿈함을 비유한 말입니다.

장자의『인간세』편에 초나라 미치광이 접여의 이야기가 나옵니다.

"산에 있는 나무는 사람들에게 쓰이기 때문에 잘려 제 몸을 해치고, 등불은 밝기 때문에 타는 몸이 된다. 계수나무는 먹을 수 있기 때문에 베이고, 옻나무는 칠로 쓰이기 때문에 잘린다. 사람들은 모두 유용의 용만을 알 뿐 무용의 용을 알려 하지 않는다."

쓸모 있는 나무는 필요한 존재이기에 누구나 찾고 환영합니다. 그러나 쓸모 있음 때문에 결국 몸을 망치게 된다는 것이지요. 즉 유능한 인재는 우리 사회 어디서나 환영을 받습니다. 그래서 빨리 성공하고 출세 가도를 달리게 되지요. 그러나 쓸모와 필요가 불행의 원인이 되기도 한다는 말입니다. 인생사 일장춘몽이요, 새옹지마입니다. 우리 주변에는 다른 사람보다 뛰어났기 때문에 일찍 반짝하다가 날개가 꺾인 무수한 인재들이 있었습니다. 주위의 기대와 선망의 대상이던 인재가 어느 날 자신의 실수나 경쟁자와의 다툼에서 낙오하여 불행의 나락으로 떨어지거나 목숨까지 잃는 일이 허다했습니다. 큰 인물로 자라려면 아무도 관심을 보이지 않는 굽은 나무처럼 살아야 한다는 말이지요. 쓸모없이 보이는 것의 쓸모, 굽은 나무는 바로 이 점을 보여주고 있습니다.

굽은 나무가 주는 또 하나의 교훈이 있다면 자신이 처한 상황을 비관하거나 탓하지 말고 묵묵히 자신의 길을 걸어가라는 것입니다. 출세도 못 하고 돈도 없고 재주도 없다고 한탄할 일은 아니라는 것이지요. 또한 출세했다고 으스대거나 돈 많고 재주가 남보다 뛰어나다고 교만해서는 안 된다는 것입니다. '쥐구멍에도 볕들 날 온다'고 했습니다. 세월은 절대불변이 아니라 쉼 없이 변합니다. 주역『건괘』상사에 "하늘의 움직임은 건전하고 건강하니 군자는 그 모습을 본받아 자신이 더 나아지기 위하여 쉼 없이 노력한다天行健君子以自彊不息"고 했습니다. 아무나 굽은 나무처럼 살 수 있는 건 결코 아니라는 것입니다.

주위를 돌아보면 많은 이들이 굽은 나무처럼 살아왔습니다. 그 가운데 제 아버지도 보입니다. 맏이란 운명 때문에 뼈 보드라울 때부터 부모님 모시고 고향에서 농사지어 네 명의 동생들을 학교 시키고 성가

시켰습니다. 잘난 동생들은 늘 할아버지의 자랑이었습니다. 아버지는 야구로 치면 희생 플라이거나 희생 번트였습니다. 어렵고 힘든 일, 궂은 일, 부모님 봉양과 봉제사 접빈객, 일가친척의 길흉사 등은 항상 아버지 몫이었습니다. 그것을 당연한 일로 여겼기에 그냥 산소 같은 존재였다고나 할까요? 못 배운 울분을 삭이시며 고단한 인생길을 허덕이셨던 아버지, 당신은 분명 굽은 나무셨습니다.

예순이 넘어서 그리던 고향에 돌아왔습니다. 예나 지금이나 변함없는 앞산 벼랑 끝의 지극히 못생긴 소나무를 보노라니 불현듯 굽은 나무 이야기가 떠올랐습니다. 자식들 모두 장성해서 둥지 떠난 빈 뜰에서 듣는 솔바람 소리가 허허롭기 그지없습니다. 잘 모셨든 못 모셨든 수십 년간 부모님과 한솥밥 먹으면서 귓전으로 수없이 스친 아버지 말씀이 다시금 또렷이 들립니다.

"형은 동생들의 본보기가 되어야 한다."

"부모는 자식의 거름이 되어야 한다."

나는 다른 사람에게 어떤 나무로 기억될까? 힘들었지만 부모님과 함께했던 푸르던 날이 그립습니다. 둥지 떠난 아이들의 얼굴이 보름달처럼 둥글게 떠오릅니다. 기러기 떼가 창공을 가르며 북녘을 향하고 있습니다. 멀지 않아 앙상한 나목들이 휘파람을 불고 흰 눈이 내리면 굽은 나무 위에도 소복소복 쌓이겠지요. 벼랑 끝 굽은 나무 끝에 걸린 세월의 무늬를 가늠해 봅니다. 쓸모없음의 쓸모가 절실히 느껴집니다.

부나비

여름밤 땅거미 지자 집 앞 가로등이 자동으로 켜지며 주변으로 나방이 모여든다. 좀 더 어두워지면 차츰 수가 늘어나 회오리바람 불 때 티끌 먼지를 방불케 한다. 불빛을 찾아서 모인 나방들의 축제가 장관이다. 다음 날 아침, 가로등 아래는 축제를 즐기다 생을 마감한 수많은 주검이 눈처럼 쌓였다. 늦가을 짙게 깔렸던 안개는 햇살이 더워지면 흔적 없이 사라지듯, 이들 또한 한순간을 불꽃처럼 살다가 생을 마감한다. 그래서 하루살이라 했는가 보다.

흔히 우리네 삶을 풀잎에 맺힌 이슬에 비유하여 초로인생이라 한다. 새벽에 내렸다 해 뜨면 곧 금세 사라지는 이슬 같은 존재, 우주의 광대무변함에 비하면 실로 하루살이 불나방의 삶이다. 바람에 흩날리는 흙먼지에도 미치지 못하는 존재가 바로 나이고 너이다. 이런 관점에서 보면 매일 뉴스로 장식되는 우리네 일상이 순간을 스쳐 지나가는 꿈처럼 느껴진다. 자신의 욕심을 채우기 위해 남을 해롭게 하고 거짓을 일삼으며 영혼마저 팔아치우는 사람들도 있다. 죽음이 코앞에 닥쳤음에도 전혀 깨닫지 못하고 이전투구에 몰두하는 군상들이 모여 사는 곳이 우리네 삶의 현장이다.

얼마 전 좋아하는 지인이 친구들과 동해안으로 야유회 다녀오며 버스 안에서 노래 부르다 심근경색으로 숨졌다. 삶과 죽음의 차이가 백지장 하나 두께도 아니다. 그렇게 돌아가시기 전까지도 퇴직한 지 얼마 안 되는 아내와 몇백 년을 살 듯이, 소백산 자락에 아담한 새 둥지를 틀었다. 집 옆에 참기름 가게 차려야 한다고 모두 입을 모았다.

지난밤 꿈이 뒤숭숭하여 뒤척이다가, 꿈결인지 아닌지 잠결에 직지사에서 본 벽화가 번개처럼 뇌리를 스쳤다. 우리네 인생사를 비유한 벽화였다. 그 벽화가 너무 인상적이어서 각인되었다가 무심코 떠오른 것이다. 그런데 그 내용이 무엇을 의미하는지 아슴아슴하여 일어나 인터넷을 뒤졌다. 빈두로돌라사존자가 우타연왕에게 인간의 삶을 비유한 이야기를 그림으로 표현한 빈두로돌라사위우타연왕설법경이다. 불교에서 운수납자들은 득도하기 위해 화두를 잡는다. 그 대표적 화두가 '정등' 이야기라 한다. 누군가 인생을 고해라 했듯이 '정등' 이야기는 고난의 바다를 살아가는 인간의 모습을 상징적으로 보여준다.

"어떤 사람이 넓은 길을 가다가 크고 험악한 코끼리를 만나게 되었다. 그는 코끼리에 쫓기는 두려움 때문에 미친 듯이 내달렸으나 의지할 곳이 없었다. 그러다가 언덕에 있는 한 우물에 늘어진 등나무를 보았다. 그는 재빨리 나무뿌리를 잡고 따라 내려가 우물 안의 숨을 곳으로 들어갔다. 그때 흰 쥐와 검은 쥐가 이빨로 나무의 뿌리를 갉고 있었다. 우물의 사면四面에는 네 마리의 독사가 있어 그를 물려고 하였다. -중략- 그때 그가 잡고 있는 나무뿌리가 흔들리자 나뭇가지를 타고 꿀이 세 방울 그의 입속으로 떨어졌다. 그 사람은 꿀맛을 보자 너무나 달콤하여 자신이 처한 모든 상황을 잊어버렸다. -중략- "

나는 불교나 기독교 신자가 아니다. 아버지, 할아버지가 해 오신 것같이 때맞춰 조상께 제사 지내고, 살면서 이웃과 희비를 함께하는 갑남을녀이다. 그러나 종교를 신봉하며 바르게 살아가는 사람들을 존경한다. 참기 어려운 고통이나 병마가 찾아오면 하느님과 부처님, 조상님을 찾고, 그런 순간이 지나가면 언제 그랬냐는 듯 잊어버린다. 참으로 어리석은 범부요 하루살이 부나비이다. 이렇게 사는 나를 측은하게 생각하는 사람도 있을 것이다. 그러나 얽매이지 않은, 자유로운 영혼으로 살고 싶은 것이다. 앞으로 종교를 갖게 될지는 모르겠지만 지금은 그렇다.

재물욕을 비롯하여 색욕이나 식욕, 명예욕 그리고 수면욕 등이 오욕이다. 세상에 이 다섯 가지 중 한 가지라도 갖지 않는 사람은 없다. 사람뿐만 아니라 생명이 있다면 어떤 종류이든 모두에게 해당하리라. 그러나 그 욕심 중 어느 것이든 과하면 지탄을 받는다. 어떤 정치인과 연예인 사이에 벌어지고 있는 특정 부위의 점 이야기, 권력 때문에 군중심리를 이용하여 촛불이나 태극기를 들고 상대편을 매도하는 행위, 적폐라는 이름으로 세상을 뒤집으려는 일련의 현상은 모두 지나친 욕심의 산물이다. 이런 사람들을 보면 '정등' 이야기가 남의 일 같지 않다. 유리하다고 남에게 생각 없이 마구 휘두른 칼날이 언제 자신에게 부메랑 되어 돌아올지 모른다. 하는 일이 물가에 어린아이 세워둔 것 같다.

권불 십 년 재불 삼대란 말이 있다. 세상에 영원한 것은 없다. 나의 행위는 모두 옳고 남이 한 일은 모두가 틀린 것 같지만, 꼭 그렇지만은 않은 것이 세상 이치다. 제멋과 흥에 취하여 고성방가하다 보면 주위에 눈총을 받게 된다. 세상인심이란 표변한다. 파도가 잔잔할 때는 바다가 장판 깔아둔 것 같지만, 노도는 사나운 야수 같아서 모든 물체를 집어삼킨다. 제 죽을 줄 모르고 불로 뛰어드는 부나비의 모습에서 나 자신을 본다. 우리는 누구나 죽음 앞에서 자유롭지 못하다. 죽을 줄 모르고 쓸데없는 소리 지껄이는 나 또한 어쩔 수 없는 부나비인가 보다.

몸을 낮추다

아무 생각 없이 닭장에 들어가다 정수리를 오지게 받았다. 얼마나 아픈지 눈물이 핑 돈다. 모자를 썼으니 망정이지 민머리였다면 머리가 터졌으리라. 문이 낮아 몸을 낮추고 들어가야 하는데 깜빡했다. 일을 빨리 마무리 지어야 한다는 조바심 때문이다. 급할수록 돌아가라 했지만 마음만 앞선 결과다. 점심을 먹으려 밥상머리에 앉아 머리를 만져보니 밤톨만 한 혹이 솟았다.

귀촌한지 3년, 그동안 힘에 부쳐 농사는 지을 수 없고 손바닥만 한 텃밭에 푸성귀 몇 포기 가꾸고 지냈다. 이제 제법 일이 몸에 붙어 여가가 늘어나서 소일거리를 찾다가 가축을 기르기로 마음먹었는데 아내는 무조건 싫어한다. 이를테면 개에게는 어릴 적 매우 놀란 콤플렉스가 있고, 닭은 무엇이든 아무렇게나 파 흩는데다 여기저기 똥을 싸서 싫고, 염소는 말썽부려서 싫다는 등이다. 더하여 집짐승을 먹이면 집안에 냄새가 난다는 게 결정적인 반대 요인이다. 짐승을 많이 키우면 냄새도 날 것이고 불편하겠지만 그냥 한두 마리 기르면 괜찮다고 설득하여 그렇게 하기로 했다. 가슴이 풍선처럼 부풀어 개 한 마리 토끼 두 마리를 샀다.

어떤 모임에서 닭을 키우고 싶다고 했더니, 지인이 흔쾌히 몇 마리 주겠다고 하여 염치없이 넙죽 받았다. 개는 묶어두어 별 탈 없고, 토끼는 판자 몇 장 얽어 넣으니 만사 오케이다. 그런데 닭은 닭장을 짓지 않고는 어찌할 방법이 없다. 임시로 가두어 둔 우리가 좁아 싸우고 사료 그릇과 물통을 엎는 등 난장판이다. 서둘러 닭장을 지어야 했다. '돌다리도 두드려서 건너라' 했듯, 덤벙거리다가 사고를 당한 것이다.

돌이켜보니 어릴 때부터 덤벙거리다 실수한 일이 한두 번이 아니었다. 자만심과 신중하지 못한 행동으로 일을 그르친 일도 있었다. 아무 생각 없이 내뱉은 말 한마디로 남에게 상처를 주기도 했으며 오해를 받기도 했다. 그럴 때마다 다시는 이런 실수를 하지 않으리라 반성하고 다짐도 해 보았다. 그렇지만 천성은 어쩔 수 없는 모양이다.

몸을 조금만 낮추었어도 피할 수 있는 사고였다. 무심코 자만하여 멋대로 행동하다 이렇게 됐으니 누구를 탓할 수도 없다. “그케 봐라. 내가 뭐라카드노. 귀에 딱지가 앉을 만큼 조심하라 안카다. 까마구 고기를 먹었나, 꼴좋다.” 라시던 어릴 적 어머니 말씀이 귀에 쟁쟁하다. 만초손겸수익滿招損謙受益이라 했다. 자만하고 고개 뻣뻣이 세우면서 거들먹거리면 손해를 보게 되고, 몸을 낮추고 겸손하게 처신하면 덕을 보게 된다는 말이다. 오늘 내 꼴이 바로 그 꼴 아닌가.

살다보면 참 가관인 일이 많다. 남보다 조금 더 안다고 하여, 조금 더 가졌다 하여, 조금 더 잘났다 하여, 힘이 조금 더 세다 하여 거들먹거린다. 다른 사람을 우습게 보는 사람들. 이들의 공통점은 자기보다 강한 자에게는 한없이 약하고, 자신보다 약한 자에게는 강하다. 몸을 낮추기는커녕 고개를 깃발처럼 세워 거드름을 피우고 약한 자를 짓누른다. 인간 세상을 어지럽게 하는 늑대 같은 무리다. 만초손滿招損의 진리를 터득해야 할 자들이다.

세상살이 ‘천층만층 구만 층’이라 했다. ‘뛰는 놈 위에 나는 놈이 있다’는 말이 있다. 바꾸어보면 나는 놈 아래 뛰는 놈, 뛰는 놈 아래 기는 놈, 기는 놈 아래 기지도 못하는 놈도 있다. 기지도 못하는 놈이나 나는 놈이나 똑같이 귀중한 목숨이다. 잘났든 못났든 공생해야 생태계가 건강하다. 이 중 어느 하나만 사라져도 생태계가 무너진다. 가진 자와 배운 자 그리고 잘난 자라면 더욱 몸을 낮추어야 한다. 시장 난전의 이야기에 귀 기울여야 한다. 백수의 왕 사자도 배부를 때면 어떤 사냥감도 해치지 않는다. 그리고 어떤 사냥감도 멸시하지 않는다.

슬기로운 사람은 물의 흐름을 바라보며 삶의 진리를 깨닫는다고 했다. 더 낮은 곳으로만 흐르는 물. 막히면 잠시 머물다가 돌아갈 줄 아는 넉넉함이 삶을 돌아보게 한다.

몸을 낮추는 것은 한 걸음 더 나아가기 위한 몸짓이다. 개구리가 움츠리는 것이나 고양이가 쥐를 잡을 때 낮은 포복, 태권도의 기마 자세, 한 표 달라고 읍소하는 정치인들 등은 자신의 낮춤이다. 에너지의 축적은 높은 곳이 아니라 낮은 곳에서 이루어진다. 낮은 곳에 힘의 원동력이 존재하고 있기 때문이리라. "낮은 곳에 임하리라"고 하신 예수의 말씀이 새삼스레 떠오른다.

주역「중천건괘」에 '항룡유회'라는 말이 있다. 높이 오른 용은 반드시 후회한다는 말이다. 높은 곳은 그 위치가 안정적이지 못하다. 고개를 쳐든 자세, 안하무인의 처세는 내리막길만 남았음을 의미한다. 장차 내리막길만 남았으니 아무리 용인들 후회할 수밖에 없지 않을까?

오후에 다시 닭장을 지으며 가만히 생각해 본다. 남이 보기에 꼴이 우스운 내가 혹시 이런 가관인 행동은 하지 않고 있는지, 경주 최 부자의 처세와 정수리에 혹을 단 초라한 나의 모습이 대비되는 날이다.

바랭이

예찬

여름철이면 농부가 하는 일 가운데 가장 힘든 것이 잡초와의 전쟁이다. 이놈들이 얼마나 빨리 자라는지, 좀 과장된 표현일지 모르나 김매고 돌아서면 돋아난다. 방동사니나 강아지풀, 비단풀, 괭이밥, 명아주, 이질풀 등은 농부의 입장에서 본다면 그래도 착한 풀이다. 뽑아서 흙 위에 던져두면 보통 몇 시간이 지나면 죽는다. 좀 고약한 놈 가운데 하나가 환삼덩굴인데 이것 또한 보통이 아니다. 줄기가 몹시 질기며 잔가시가 잎과 줄기에 촘촘히 자라, 긁히면 몹시 가렵고 쓰려서 제거하는 데 애를 먹는다. 그러나 일단 뿌리가 뽑히기만 하면 쉽게 죽는다. 가장 끈질긴 놈들이 개비름과 바랭이다. 뽑아서 나무 위에 걸어두어도 잘 죽지 않는 개비름도 골칫거리지만, 뽑아서 흙 위에 두면 바로 마디에서 뿌리를 내려 왕성하게 자라는 바랭이는 사람을 질리게 한다.

바랭이는 도심의 골목길 시멘트벽 틈새부터 화단이나 논두렁과 밭두렁, 산자락 등 어디를 가든 제가 주인인 양 자리를 차고앉아 명령만 내리면 '돌격 앞으로!' 자세를 취하고 있다. 이놈의 성장 속도에 소름이 돋는다. 일단 싹이 튼 장소에 뿌리를 내린 후부터는 사방으로 기는줄기를 뻗는다. 줄기의 마디마다 뿌리가 금방 생겨 땅을 단단히 움켜잡는다. 그다음부터는 원줄기를 없애도 끄떡없이 사방으로 진격한다. 어떤 식물보다 빨리 자라며, 척박한 땅에도 아랑곳없이 끈질긴 생명력을 유지한다. 사람도 바랭이처럼 살아가는 사람이 있다면 아무도 당할 수 없으리라.

하기야 바랭이 입장에서 보면 피도 눈물도 없는 잔학무도한 생명체가 사람이 아니겠는가.

"아 요놈의 인간들아. 내가 언제 너희에게 시비라도 했냐? 예부터 내 땅에 내 사는데, 너희가 쳐들어와 논밭 일구고 우리를 못살게 군 것 아니냐? 참 기가 막히네. 말 나온 김에 나도 한마디 하자. 내가 너희에게 내 땅 빼앗았다고 말 한마디 한 적 없었다. 그냥 묵묵히 참선하고 있었을 뿐인데 호미로 내 몸을 찢고, 낫으로 베는 것도 모자라 독약을 마시게 하지 않나, 경운기로 로터리 쳐서 갈기갈기 찢어버리지 않나, 이런 만행을 저지르는 너희가 어찌 만물의 영장이란 말이냐? 이게 바로 들어온 돌이 박힌 돌 빼는 격이 아니고 무엇이냐?"

나는 농촌에서 스무 평 정도의 채소밭을 가꾼다. 무농약 채소를 먹겠다고 벌레 잡고, 날마다 물주며 김매기를 게을리하지 않는다. 덕분에 농약과 비료를 아끼지 않은 이웃집의 먹을거리보다는 못하지만, 제법 먹을 만한 채소를 수확한다.

그런데 예상치 못한 일이 생겨 김매는 시기를 놓쳤다. 바쁜 일을 서둘러 정리하고 겨우 한숨 돌리며 채소밭을 돌아보니 완전히 풀밭이다. 특히 바랭이가 채소를 압도하여 겨우 목숨을 연명하는 정도이다. 큰일났다 싶어서 서둘러 제초 작업에 들어갔다.

작렬하는 햇빛은 아침부터 옷을 땀으로 적신다. 밀짚모자를 눌러 썼건만 땀이 비 오듯 한다. 땀방울이 눈에 들어가 따갑다. 바랭이의 뾰족한 잎끝이 바람에 흔들리며 얼굴을 찌른다. 바랭이 뿌리를 잡고 호미로 찍어 올려보지만 좀체 뽑히지 않는다. 한 손으로 힘껏 잡아당기며 뿌리를 몇 번이고 끊은 다음에야 겨우 땅을 움켜쥔 손발이 떨어져 나온다. 바랭이 풀에 질린 마음 달래려 쓴 「바랭이 풀」이란 졸시이다.

놈이 투사인 것을 진작부터 알아야 했다

질끈 동여맨 머리띠
걷어붙인 팔뚝에서
섬뜩한 결기가 보인다

죽창보다 더 짙은 녹색 칼날 치켜세우고
돌격의 나팔소리 길게 삼킨 체
한 걸음씩 조여 오는 초록빛 진군

무딘 호미 날로 예봉을 꺾기엔 역부족이다
땅을 움켜쥔
발끝 마디마디 정을 받으며
태초부터 이 땅의 주인은 자신이라고
온 몸으로 부르짖는다.

미리 바랭이 풀을 뽑았다면 이런 수고는 없었을 것이다. '농사는 때가 있다'하는 옛말을 이제야 몸으로 깨닫고 있다.

"바랭이와 개비름은 땅을 깊이 파고 묻어야 한다. 안 그러면 놈들은 흙냄새만 맡아도 바로 살아난다."

선친의 말씀이 귓전을 타고 흐른다.

불청객

궁핍한 산골에 살다 보니 가끔 보고 싶은 얼굴이 떠오릅니다. 시내에 살 때는 사흘이 멀다며 만나 술잔을 부딪치던 친구들도 이젠 잘 만나지 못합니다. 귀촌 후 연락이 와도 이 핑계 저 핑계로 빠졌습니다. 나간다 해도 술을 마시면 대리운선이니 부담스럽습니다. 단골로 다니던 식당도 자연히 발길이 뜸해졌습니다. 어쩌다 모임이 있어 가는 날이면 얼굴 잊어버리겠다고 호들갑입니다.

찾아오는 사람도 마찬가지입니다. 처음 이사 올 때 찾던 지인과 일가친척의 발걸음 또한 한여름 논물 마르듯 합니다. 어쩌다 인기척에 고개 들면 우편 집배원이나 농사짓는 이웃 정도입니다. 집에 사람이 북적거려야 양기가 충만해진다는 말이 떠오릅니다. 내가 처신을 잘하지 못하여 발걸음이 끊어진 건지, 세상 풍속이 바뀌어 그런 건지 아리송합니다.

마당에 풀을 뽑는데 메뚜기가 놀라 저만치 달아납니다. 불청객입니다. 시도 때도 없이 찾아오는 초대하지 않은 손님. 집 주변에 과일나무를 비롯한 먹거리가 귀할 때는 보이지 않던 손님이 전보다 부쩍 늘었습니다. 손님이 늘어난다는 것은 좋은 일입니다. 먹을 게 없으면 개미 한 마리 얼씬하지 않는다는 말이 있지 않습니까? 흐르는 세월 속 깨닫지 못한 사이에 손님이 사람에서 생물로 바뀐 셈입니다. 더욱 기가 찰 일은 손님이 아니라, 아예 제가 주인인 양 행세하는 놈도 있습니다. 소위 우리 집 동거인입니다. 거미를 비롯하여 벌이나 박쥐, 참새와 촉새 등은 이미 불법으로 주민등록을 옮기고 올망졸망한 자식들까지 앞세우려는 듯합니다.

한 번은 아내가 문을 열고 나가는데 말벌이 갑자기 달려들어 기겁

했습니다. 주위를 살펴보니 말벌이 서까래에 집을 지었습니다. 이미 새끼도 여러 마리 성충이 되어 세를 불리는 중이었습니다. 다른 곳은 어떤가 하여 이곳저곳을 살펴보니 땡삐와 속세벌 집도 눈에 띕니다. 거미야 내가 입주하기 전부터 이미 살고 있었습니다. 어찌 보면 나보다 전입 고참입니다. 그러니 그렇다 칩시다. 그런데 벌들과 참새, 박쥐란 놈들은 여간 괘씸한 게 아닙니다. 전입 선임자인 내게 신고도 없이 안방 차지를 하다니요? 그것까지는 그래도 백번 양보하여 이해할 수도 있습니다. 적어도 대소변만큼은 가려야 할 게 아닌가요? 마당이고 방이고 처마 밑이고 아무 곳이나 싸질러 놓습니다.

기왓장 아래의 박쥐네 이야기를 해야겠습니다. 작년부터인가 거실에 까만 쥐똥이 여기저기 보였습니다. 아무리 살펴봐도 쥐가 들어온 것 같지는 않은데, 쥐똥이 왜 보일까 하는 궁금증은 가시지 않았습니다. 어느 날 텔레비전을 보다 거실에 그냥 쓰러져 잤습니다. 뭔가 '휘-익'하며 스치는 느낌에 잠에서 깨었습니다. 몇 번의 바람을 일으키는 물체를 느끼며 벽을 더듬거려 스위치를 켰더니 박쥐였습니다. 이놈이 거실에 실례한 주범이었습니다. 이웃집은 벽돌 또는 콘크리트 소재의 슬라브나, 압축 패널 소재로 지은 집입니다. 기와를 이은 우리 집이 이들이 살기 편리하여 본거지가 된 모양입니다. 먹이인 곤충들이 풍부하니까 자연스레 모여들어 어둠이 깔릴 때쯤이면 마치 가을 한낮 고추잠자리 날 듯합니다.

오디가 익어 갈 무렵이었습니다. 그전까지 몇 마리씩 보이던 참새가 수십 마리씩 무리로 날며 시끄럽게 재잘거립니다. 뽕나무 쪽으로 갈 때마다 재빨리 후루루 산으로 날아갔습니다. '웬일로 이놈들이 떼거리로 몰려다니노. 무슨 좋은 일이라도 있는가?'하고 대수롭지 않게 지나쳤습니다. 며칠 후 잘 익은 오디가 있으면 따려고 뽕나무 아래로 다가갔습니다. 참새 떼가 날파리 흩어지듯 뭐라고 지껄이며 날아갑니다. 그런데 이건 뭔가요? 나무 아래 반쯤 먹다 버린 오디가 거무죽죽하게 떨어져 있었지요. 미루어 생각해 보니 참새 소행입니다. 나는 그전까지 참새가 오디를 따먹으리라고는 생각지도 못했습니다. 나무가 휘어질 정도로 달렸던 오디는 그렇게 참새들이 대부분을 서리해 갔습니다.

블루베리와 아로니아가 안토시아닌이 풍부하여 눈에 좋다는 말을 듣고 뜰에 몇 포기 심었습니다. 작년부터 조금씩이다가 올해는 제법 많은 열매가 달렸습니다. '올해는 블루베리 맛 좀 보겠네' 그런데 이건 또 무슨 뚱딴지같은 일입니까? 내가 미처 몇 개 맛보기도 전에 참새며 박새, 곤줄박이, 오목눈이, 촉새 등 귀여운 놈들이 미리 점찍은 모양입니다. 인기척이 나면 포르르 날아 부근 나무로 옮겼다가, 눈만 돌리면 되돌아옵니다. 이 이야기를 친구들에게 했더니 새가 못 들어오게 그물망을 치라고 했습니다. 세상 미물들이 얄밉기야 하지만 내 좀 덜 먹으면 되지, 그렇다고 어찌 박절하게 그물까지 치겠어요?

요즈음 부쩍 자주 보는 얼굴이 제법 큼직한 직박구리와 딱따구리 그리고 산까치입니다. 이놈들이 찾아오는 까닭은 내가 좋아서가 아닙니다. 맛있는 호두가 먹기 알맞게 익어가고 있기 때문입니다. 밭 주변에 호두나무가 몇 그루 서 있습니다. 몇 년 전부터 한두 개씩 달리더니 작년에는 제법 많이 달렸습니다. 하지만 호두 한 알도 건지지 못했지요. 모두 직박구리 일당들이 추수해 갔습니다. 이들이 얼마나 영악한지 겪어보지 않은 사람은 모릅니다. 호두가 어느 정도 익을 무렵이면 부리로 껍질을 쪼아 구멍을 낸 다음 껍질만 남기고 알맹이는 깨끗이 먹어 치웁니다. 떨어진 호두를 보니 하나같이 빈 쭉정이입니다. 올해는 호두를 몇 알이나 구경할지 모르겠습니다.

넓게 보면 애달아할 일도 아닙니다. 심고 가꾸는 걸 나만 한 건 아닙니다. 아무리 내 땅에 심었기로서니 하늘이 비를 내렸고, 태양이 영양소를 만들어 키웠습니다. 그러니 어찌 내 것이라고만 우기겠어요? 너도 먹고 나도 먹으며 그렇게 사는 거지요. 마음을 고치니 참 편안합니다. 만약 비를 피할 곳이나 푸성귀, 과일 나부랭이라도 없으면 어느 생명체들이 늙어빠진 촌로를 찾아오겠습니까? 직박구리의 알지 못할 묘한 노랫가락이 정적을 흔들어 깨웁니다.

해 맞이

드디어 운무를 헤치고 붉은 해가 솟는다. 붉게 물든 동녘 하늘이 일출로 인하여 비로소 아침으로 완성하는 싯점이다. 솟아오르는 해를 향해 합장하고 선 채로 고개 숙였다. 하늘에 계신 조상의 영령이 올 한 해 편안하시고 행복하시라는 마음을 담아 간절히 염원했다. 두 번째의 절은 자신을 위한 소망을 담았다. 지난해 힘들었던 병마가 연기처럼 사라지고 만사가 물 흐르듯 술술 잘 풀리게 해 달라고 빌었다. 세 번째는 아내와 아이들의 건강과 운수대통을 빌었고, 다음은 형제자매와 일가친척의 안녕을 빌었다. 거미줄처럼 얽힌 인간관계를 떠올리며 진심을 담았다. 해가 산등성이로 한 뼘쯤 오르니 모은 손이 시리다.

해맞이도 격식이 있는데, 올해의 해맞이는 아쉽다. 이른 새벽에 일어나 경건한 마음으로 높은 곳에 올라 한 해를 맞이해야 한다. 그런데 눈을 뜨니 벌써 일곱 시 반이 넘었다. 지난밤 자정을 훨씬 넘은 시간까지 텔레비전 앞에 앉아 있었던 탓이다. 허둥지둥 옷을 입고 문을 나섰더니 이미 동쪽 하늘이 붉게 물들었다. 계획은 와룡산 정상에 올라 새해를 맞이하려 했다. 늦잠 바람에 집 옆 작은 산으로 바뀌었다. 그것도 길에서 얼마 떨어지지 않은 산기슭에서 일출을 맞은 것이다.

마음을 추스르고 산길을 따라 정상으로 향했다. 팔순이 내일 모래인 옆집 아지매가 산비탈 길에서 손을 모으고 계신다. 품새가 자못 경건하고 엄숙하다. 인기척을 느꼈는지 흠칫하고 내려다보신다.

"아지매, 좋은 꿈 꿨니껴. 올해도 건강하소. 그리고 액운은 연기처럼 사라지고 복은 여름날 소나기구름처럼 일어나기를 비니더."

"고마우이더. 민네 아부지도 인제 했던 말씀 그대로 되소."

입이 좆짚 바소쿠리만큼 벌어진다. 덕담은 곰백 살에도 듣기 좋은 모양이다.

"뭔 소원을 그리도 간절히 빌었니껴. 올라오면서 보니 두 손 모은 모습이 너무 정성스러워 하늘도 감동할 것 같디더."

"애이고, 내사 뭐 오늘 죽어도 괘안코 내일 죽어도 괘안찮니껴. 그르치마는 자슥 새끼들 모도 무탈하게 잘 살았으믄 얼매나 좋을리껴. 나현이 다리도 좋아지고."

속담에 '천석꾼은 천 가지 걱정, 만석꾼은 만 가지 걱정'이라고 했다. 남녀노소, 빈부귀천을 가릴 것 없이 누구나 근심 걱정과 그에 따른 소망은 있다. 심지어 밥 얻어먹는 거지도 그렇다지 않은가? 따지고 보면 삶의 모습은 다 비슷한 것이다. 자신의 아픔이나 슬픔을 못 견뎌 하는 이가 있다. 특히 나이 드신 분들일 때는 측은한 생각이 든다.

누구의 주례에서인지 모른다. 신랑신부에게 다음과 같이 당부했다. 세상은 공평하다. 세상 누구도 좋은 점만 골라 취할 수는 없다. 부부가 되면 어렵고 힘든 일도 많지만 그만큼 기쁘고 좋은 일도 많다. 오늘 혼례식과 같이 즐겁고 행복한 날이 있다는 것은 부부싸움 예약식이도 하다는 것을 알아야 한다. 앞으로 살아가면서 좋은 일이 생길 때마다, 같은 정도의 어려운 일도 생기리라 예상하라. 반대로 힘들고 어려운 일이 생길 때마다, 그 일이 좋은 일을 만들기 위한 과정이라 믿고, 잘 참고 이겨나가기를 바란다.

사람은 살아가면서 누구든 희로애락喜怒哀樂 애오욕愛惡欲을 겪는다. 감정의 동물이기 때문이다. 해맞이에서 옆집 아지매의 넋두리를 곱씹어 본다. 어찌 좋은 일만 있겠는가. 세상살이 다 거기서 거기 아니겠는가.

해가 두둥실 솟아올랐는가 싶더니 구름이 덮어 버린다. 갑자기 빛이 반감된다. 그러나 어찌 되었건 새해의 첫날을 밝히는 해가 떠올랐다. 먹구름이 밝은 태양을 감추어 버렸듯, 주절거리며 늘여 놓았던 소망을 주섬주섬 마음속에 갈무리한다.

"아지매요, 슬슬 올라가 보시더. 올 해 시작하는 날, 내친김에 등산도 해보시더. 언제 또 산에 오를지도 모르잖니껴."

우리는 웃으며 가파른 정상을 향해 발걸음을 옮겼다.

어릴 적 소 먹이던 민둥산은 울창한 삼림으로 변했다. 산기슭과 꼴짐 지고 오르내리던 골짜기에는 낙엽만 수북이 쌓였다. 무료함을 달래기 위해 풀잎 꺾어 불었던 풀피리 소리가 메아리처럼 아득히 환청으로 들린다. 편을 갈라 하였던 전쟁놀이의 추억이 주마등처럼 스친다. 이미 강산이 여섯 번이나 바뀌어버린 시간 속을 동심으로 돌아가 서성인다. 주름투성이 얼굴에 서리 같은 귀밑머리만 듬성듬성한 낯선 사내를 말 없는 산은 알아보기나 할까?

우거진 소나무 사이로 저만치 내 논이 보인다. 이어서 작은집 터와 기다란 밭이 눈에 들어온다. 넓게 포장된 도로 너머 나별로 넘어가는 길이 꼬불꼬불 실개천인 양 기어가고 있다. 고향에서 생의 마지막을 준비하려니 만감이 교차한다. 하나씩 내려놓고 버리며 살아가라는 도인의 가르침이 마음에 스친다. 황금돼지해를 맞이 하여 복 짓는 일은 무엇부터 시작할까?

황지
연못에서

재종숙모를 태백시립공원묘지 가족 묘원에 모셨다. 돌아오는 길에 황지 시내를 지나는데, 넷째 아우가 황지연못을 구경하고 가자고 한다. 황지를 몇 차례 지나친 일은 있지만 연못을 직접 본 적은 없다. 여유도 있고 장례를 치른 뒤여서 기분도 전환할 겸 그러자고 했다. 한 차에 탄 다섯 명의 만장일치다.

태백시는 황지를 중심으로 장성과 철암, 동점 등 네 개 지역을 묶어서 명명된 지명으로 그 중심이 황지다. 황지연못은 시내 중심지에 있다. 그리고 이곳은 공원으로 조성되었으며 세 개의 연못이 있다. 상지는 깊이를 알 수 없는 지하수 통로가 있는데, 하루 5천 톤의 물이 솟아나온다고 한다. 이 물이 황지천을 이루고 흘러내리면서 다른 물줄기들과 합류하여, 영남의 젖줄인 낙동강으로 흘러드는 것이다. 중지와 하지는 상지에서 흘러내린 물을 인위적으로 가두었거나, 상지보다는 작은 량의 지하수가 분출되는 곳인 듯하다. 그래서 황지 연못을『동국여지승람』과『대동지지』등에 낙동강의 근원지라 한 것이다.

황지 연못에는 다음과 같은 전설이 전해져 온다.

"옛날 황 부자라는 사람이 이곳에 살았다. 그는 욕심이 많고 사나워 자기 것을 절대로 나눠 주는 일이 없었다. 어느 날 한 스님이 황 부자 집을 찾아와 시주하라고 했다. 황 부자는 시주 대신 스님의 바랑에 거름을 퍼 담아 주었다. 이에 하늘이 진노하여 불벼락으로 벌을 내리니, 황 부자의 집은 땅속으로 꺼져 버렸다. 그 뒤 집터에는 맑은 연못이 생겼는데 이것이 바로 황지연못이다."

'낙동강 일천삼백 리 예서부터 시작되다.'라는 비석은 이곳이 낙동강 발원지임을 알리고 있다.

그렇지만 나는 낙동강 발원지를 꼭 황지 연못이라고 생각하지 않는다. 황지는 삼수령이나 함백산 정상으로부터 한참 아래의 지점이다. 이 정상 아래의 어디쯤이 발원지가 아닐까 한다. 통상적으로 발원지를 연못이나 샘으로 규정하는데 그럴 필요는 없을 것 같다. 왜냐하면 비가 오면 골짜기로 물이 모여 개울이 되고, 내를 이루어 강이 되는 것은 자연의 이치이다. 이런 관점에서 특정 지점을 발원지라고 보는 것은 문제가 있다.

근래에 낙동강 발원지에 대한 논란도 있었다. 강원도 태백시에서 1481년에 발간된 『동국여지승람』 삼척도호부편을 근거로 황지를 낙동강의 발원지로 주장하고 있다. 그러나 학계에서 현지 답사한 결과 강원도 태백시 화전동과 삼수동에 걸쳐 있는 산, 천의봉의 동쪽 계곡에 있는 '너덜샘'을 발원지로 보아야 한다는 주장이다. 아울러 예로부터 전해오는 말 중에 태백시에서 창죽동으로 가는 고개는 물줄기가 세 갈래로 나뉜다고 해서 삼수령이라고 불린다. 이 고개를 기점으로 한강과 낙동강, 오십천이 발원한다는 말을 음미해 볼 일이다. 즉 발원지에 관한 논란과 갈등은 빗물이 모여 흘러가는 최상류, 최고 지점의 계곡이나 골짜기를 발원지의 하나로 보면 어떨까?

다수의 사람은 낙동강의 발원지를 황지연못으로 알고 있다. 그러나 옛 기록인 1454년(단종 2년)에 간행된 『세종실록지리지』는 "나라에 큰 내가 셋인데 하나가 낙동강이다. 그 발원지는 세 곳이 있다. 하나는 봉화현 북쪽 태백산 황지에서 출발하고, 하나는 문경현 북쪽 초점이요, 하나는 순흥 소백산이다. 이 물들이 상주에 이르러 합류하니 낙동강이라 한다大川三 一曰洛東江 基源有三 一出奉化縣北太伯山黃池 一出聞慶縣北草岾 一出

順興小白山 合流至尙州 爲洛東江"라고 기록하였다.

낙동강 발원지가 어찌 하나나 셋이겠는가! 태백과 소백을 가로질러 내리는 영남의 골짜기 골짜기를 흐르는 작은 개울이 모여 낙동강이 된 것이지, 어느 한 곳이 발원지일 리가 없다. 다만 상징적인 의미일 수는 있으리라. 마치 배달겨레의 조상이 단군이라는 의미처럼. 황지 연못에서 용비어천가의 "새미 기픈 물"을 생각해 본다. "불휘 기픈 남간 바라매 아니 뮐쌔. 곶 됴코 여름 하나니. 새미 기픈 므른 가마래 아니 그츨쌔. 내ᄒᆡ 이러 바라래 가나니."

그렇다. 뿌리 깊은 나무가 바람에 쓰러지지 않고 좋은 꽃을 피워 열매를 맺으며, 근원이 깊은 물은 가물이 들더라도 그치지 않고 내를 이루어 바다로 간다. 그렇듯 우리도 쉼 없이 절차탁마할 일이다. 항상 남을 위하여 베풀며 그치지 않는 끈기, 이것이 만고불변 생명의 불씨가 아닐까?

부모님께 당신을 선물하세요

퇴근길 횡단보도에서 신호 대기 중 길가의 현수막이 눈길을 끈다. 개업이나 공연 등을 알리는 홍보물 가운데 이색 현수막이 붙었다.

"한가위! 부모님께 당신을 선물하십시오."

가슴이 찡하다. 자식을 객지에 떠나보낸 부모 마음을 어쩌면 이렇듯 오롯이 담아낼 수 있단 말인가. 나는 어른을 모시고 살아서 자식을 객지에 보낸 부모님 마음을 미처 몰랐다. 이제 내가 자식을 객지에 보내고 보니 이 말이 가슴에 와 닿는다. 자식 입장에서는 '오랜만의 고향길에 어떤 선물이면 좋아하실까?' 고민할 것이다. 형편이 어려운 사람들은 부모형제나 친지를 대할 면목이 없어 귀향을 포기하는 이들도 있으리라.

그러나 부모 마음은 형편이 어렵다고 어떻게 홀대할 것이며, 빈손이어도 어떻게 반기지 않으랴? 부모에게 가장 큰 선물은 얼굴 보여주는 일이다. 눈에 넣어도 아프지 않을 손자손녀와 자식 그리고 며느리 얼굴 보는 것이 가장 큰 선물이다.

올해 추석기간 3일 연휴는, 기업체에선 토요일부터 다음 주 금요일까지 쉬도록 하는 곳도 있다고 한다. 항공사와 해외여행사는 즐거운 비명이란다. 긴 연휴로 추석을 해외에서 보내려는 사람들이 많이 몰린 탓이다. 세상이 어찌 되려는지, 조상을 숭상하던 미풍양속과 고향의 부모님을 찾아뵙고 정 나누던 모습이 사라져가고 있는 것 같아 안타깝다.

벚꽃이 필 무렵에 동기회 모임이 있었는데, 어쩌다 이야기가 자식자랑으로 번졌다. 제 흥에 겨운 벗을 바라보며 술잔만 비우는 벗에게 다른 벗이 채근했다.

"이 사람아, 자네는 아들 삼 형제가 다 잘되어 있잖나. 그래 요즈음 고향에는 자주 오시는가?"

"응 그래. 어느 집이든 뭐 사는 게 다 거기서 거기 아니겠나?"

하고는 입을 닫아 버렸다. 말을 건넨 친구가 머쓱하여 술잔을 드는 순간, 미안했던지 그가 말문을 열었다.

"이 사람아. 요즈음 세태가 이렇다네. 내 말 한번 들어 보실라는 강!"

"어느 시골에 죽자고 농사 지어 자식들 일류대학에 보내고, 혼인시켜 남들이 부러워하는 사람이 있었다네. 지난 설에 자식들 오기를 손꼽아 기다렸다네. 그런데 기막힌 일이 벌어졌다네. 막내아들은 정초에도 근무라서 도저히 갈 수 없다는 전화가 왔다네. 내심 '며느리야 내려오겠지' 했는데 며느리도 사정이 있어 못 온다고 했다네. 그 사람의 낙심이 어떠했겠나?

둘째 아들네는 오기는 왔는데, 며느리가 차멀미라고 섣달그믐부터 초하루까지 구들장 지는 바람에 아들 내외를 병원 가라고 등 떠밀어 보냈다네. 맏이 내외는 그믐날 늦게 와서 차례 상 앞에 고개만 조아리고 초하룻날 부리나케 떠났다네. 부부동반 해외 나들이가 있다면서…. 이게 남의 이야기가 아니고 내 이야기요, 자네의 이야기가 될지도 모른다네."

"아니 저런 놈들이 있나. 그래서 그 사람 어떻게 했다던가?"

"어떻게 하긴 뭘 어떻게 해? 자식들 다 떠나고 명절 뒷정리하던 아내가 뇌출혈로 쓰러졌다네. 그 바람에 그 사람 아직 병원 신세라네."
라며 묘한 여운을 남겼다. 그 정도면 대충 알아듣지, 이 친구가 짓궂게도 부인의 안부를 물으니 병원에 입원 중이란다. 분위가 일순간 싸-아 하게 가라앉는다.

자식이 뭔지, '사랑은 내리사랑'이라고, 껍데기만 남은 부모는 자식에게 뭐든지 한 가지라도 더 주고 싶어 안달이다. 그러나 자식은 부모를 개가 닭 보듯 하는 게 요즈음 세태다. 누구의 잘못이 아닌, 결국 기성세대인 우리 모두의 잘못이다. 부모의 익애가 자식들을 오직 자신밖에 모르는 버르장머리 없는 사람으로 만들었다. 우리 사회가 배금주의에 물들어 도덕성이 끝 모를 나락으로 추락하고 있다. 해외여행 중 부모를 만리타국에 버리고 온 기막힌 아들의 이야기가 보도되었다. 현대판 고려장이 따로 없다.

명절 전후에는 온종일 귀성길 고속도로 상황에 대한 안내 방송을 한다. 교통 체증으로 평소에 한두 시간 걸리던 거리가 한나절 걸린다. 그런데도 귀성 행렬이 민족 대이동을 연상시킨다.

하기야 어찌 그 친구가 말한 불효자만 있겠는가. '눈먼 자식이 효자질 한다'고, 온종일 피죽 한 그릇 못 얻어먹던 이가 자수성가해서 노부모를 찾는 경우도 있다. 나이 들면 고향이 그립다하지 않는가?

죽자고 키워 놓으니 부모 가슴에 대못 박는 자식 있는가 하면, 못 먹고 못 배워도 제 부모 하늘같이 모시는 이도 있다. '자식 둔 사람 큰소리치지 마라'고 나도 그 꼴 안 날지 걱정이다. 이번 한가위엔 정을 나누며 행복한 마음으로 보름달을 함께 바라볼 수 있다면 얼마나 좋을까? "부모님께 당신을 선물하라!" 참 신선하고 보기 좋은 현수막을 내 가슴에도 펼친다.

안동껑껑이

03

가뭄 — 흙수저가 어때서 — 목구멍이 포도청 — 안동껑껑이 — 호가호위 — 몸값 — 상장과 노란 리본 — 스타일 — 부모 마음 — 겪어봐야 알지

가뭄

중부지방의 가뭄이 예사가 아닙니다. 훤히 드러난 소양강 바닥에서 심각한 표정으로 인터뷰하는 주민의 얼굴에 수심이 가득합니다. 바닥을 칙칙하게 뒤덮은 잡초와 군데군데 거북 등처럼 갈라진 강바닥이 애처롭습니다. 실개천 수준의 강줄기와 이미 하얗게 말라버린 나루터에 누워 깊은 잠에 빠져버린 어선들이 을씨년스럽습니다.

안동은 그 정도에는 못 미치지만 사정은 크게 다르지 않습니다. 올해 들어 비다운 비 한 번 온 적이 없습니다. 강수일도 가물에 콩 나듯 했지만, 강수량도 한 자릿수입니다. 올해 들어 집 옆의 개울에 물 흐르는 것을 한 번도 보지 못했습니다. 논에 모심기할 때도 관정의 물로 심었습니다. 고구마를 심을 때도 밭에 습기가 없어 관정에 의존했는데, 그나마 3할 정도는 말라 죽었습니다. 죽은 자리에 보식했지만 그 또한 대부분 죽었습니다.

산약도 논처럼 심은 후 캘 때까지 계속 지하수에 의존해서 키웠습니다. 만약 관정이라는 시설이 없었다면 수확은 포기해야 했을 것입니다. 올해만큼 극심한 가뭄은 드문 일입니다. 벼를 수확한 논바닥은 이미 말라 쩍쩍 갈라졌습니다. 고구마를 수확하면서 보니 흙에 물기가 없어 푸석푸석합니다. 고구마가 이 정도라도 자라 준 것이 고마울 따름입니다.

끔찍한 가뭄은 초등학교 4학년 때가 아닌가 합니다. 당시에는 관정 시설이 전혀 없었습니다. 모두 천수답에 벼를 심던 시대였습니다. 제대로 심지 못한 모가 칠월 초순까지 못자리에 있었습니다. 그러다 못자리 적실 물마저 말라 빨갛게 타버렸습니다. 아마 여름 방학이 시작될 무렵이었을 겁니다. 아버지께서 거북등 같은 논바닥을 갈아엎었습니다. 그리고 온 가족이 논에 들어가 고무래로 흙덩이를 부수었습니다. 가까운 논에는 기장 씨를 뿌렸고, 집에서 좀 먼 곳의 논에는 메밀을 심었습니다. 아버지께 여쭈었습니다. 이렇게 먼지 날리는 땅에 씨앗을 뿌린들 싹이 트기나 하겠느냐고요.

"야야, 이제는 더 기다릴 수 없다. 콩이나 팥도 심는 시기는 다 지났고 남은 것은 기장과 메밀뿐이니, 이제는 하늘에 달려있다. 천행으로 비가 와서 싹이 트고 열매를 맺으면 다행이고, 안그라면 우리 식구 모두 굶어 죽을 수 밖에…"

넋이라도 나간 듯, 먼 산만 바라보시며 담뱃대만 길게 빠시던 아버지의 모습이 너무 슬퍼서 눈물을 흘렸습니다. 어린 마음이지만 지푸라기라도 잡는 심정으로 하늘에 간절히 빌었습니다. 하느님이 계신다면 제발 비를 내려 심은 씨앗이 싹트게 해 달라고요. 그런데 신기하게도 기적이 일어났습니다. 며칠 후 소나기가 한 줄기 내려 싹이 났고, 메밀과 기장이 그나마 열매를 맺을 수 있었습니다.

타들어 가는 논밭을 보면서 문득 펄벅 여사의 『대지』가 떠올랐습니다. 청나라 말기 중국을 휩쓴 군벌들의 발호跋扈, 힘없고 헐벗은 백성들의 고달픈 삶, 흙먼지 자욱한 논밭을 보며 망연자실 하는 농부 왕룽의 모습이 보입니다.

『대지』의 이야기 속 그 배경과 함께, 기우제를 지내던 아버지, 할아버지 세대의 모습이 겹쳐집니다. 지난 농경시대에 가뭄이나 홍수 등 자연 재해가 있으면, 나라를 다스리는 자는 몸을 낮추고 근신하면서 재해 극복을 위한 진심을 보였다고 합니다. 민심을 다독이고 죄수를 방면하며, 자신에게 허물이 없는지 살폈다고 하지요. 왕도 무명이나 베옷을 입고 거친 음식을 먹으며 민초들과 고통을 함께하려 했던 기록이 『조선왕조실록』에도 있습니다. 참으로 답답한, 그리고 잘못된 오늘의 정치권을 돌아보게 합니다.

좀처럼 보기 드문 가뭄에 땅을 의지하며 살아가는 농민들의 가슴은 시커멓게 타들어갑니다. 서해안 일부에는 이미 식수원이 말랐고 생활용수마저 끊겼다는 소식입니다. 다수의 국민들은 도회에서 농사 이외의 일에 종사하다 보니, 제 살기에 바빠 이런 일에는 크게 관심도 없는 듯합니다. 서울을 비롯한 수도권 지역에 단수 상황이 일어나지 않는 한, 이 또한 대수롭잖은 일로 지나가겠지요. 일부 기상 전문가나 직격탄을 맞는 농민이 아닌 이상 누가 관심을 가져주기나 할까요?

젊은이들의 취업난이 심각합니다. 지금 가뭄 상황과도 어쩌면 그렇게 닮았을까요? 좋은 일자리 구하기가 낙타가 바늘구멍으로 들어가기보다 어렵다는 것입니다. 안정된 직장을 바라며 공무원이 되기 위해, 수년씩 고시원에서 머리 싸맨 젊은이들의 이야기를 들을 때마다 가슴이 아립니다. 공무원 시험 응시율이 수백 대 일이라는군요. 지루한 장마 끝에 단비 같은 일자리가 봇물을 이룬다면 얼마나 좋을까요? 구름 한 점 없이 맑은 가을 하늘이 오늘따라 왠지 좋게만 보이지 않습니다.

흙수저가 어때서

초등학교 시절의 전래동화 '금도끼 은도끼' 이야기가 생각난다. 나무꾼이 산에 갔다 잘못하여 도끼를 연못에 빠트렸다. 산신령이 금, 은, 쇠도끼를 들고 나와 "이게 네 도끼냐?"고 차례로 물었다. 나무꾼은 욕심내지 않고 정직하게 쇠도끼가 내 도끼라고 대답해서 도끼 세 자루를 모두 얻었다는 것이다.

그런데 요즈음 젊은 세대에게서 한숨처럼 터져 나오는 신조어가 있다. 소위 '수저 계급론'이다. '금수저, 흙수저'로 불리는 '수저 계급론'은 개인의 노력보다 부모에게 물려받은 부의 정도에 따라 계급이 나뉜다는 것이다. 이 말은 2015년 처음 등장한 이후 현재까지 우리 사회의 화두 중 하나로 꼽히고 있다. 그만큼 우리 사회의 불평등 문제가 심각하다는 말이다. 부가 대물림되고 계층 상승의 사다리가 사라지고 있다는 우려의 목소리는 진작부터 있었다. 그러나 가진 자와 못 가진 자, 배운 자와 못 배운 자 등 계층 간의 갈등 모습을 이처럼 적나라하게 꼬집은 적은 없었다.

한 사람이 어떤 수저를 물고 태어났는지 기준을 나눈 예이다. 먼저 금수저는 부모가 물려준 재산만으로 살 수 있는 계급이며, 은수저는 부모의 직업이 건실하고 나중에 결혼하면 집 한 채 정도 해줄 수 있는 능력이 되는 계급, 동수저는 자식들에게 서울에 있는 집은 사주지 못하더라도 전세 정도는 얻어줄 수 있는 계급, 그리고 흙수저는 이 기준에 해당하지 못하는 사람이란다.

이러한 기준 외에도 재산으로 분류한 기준표가 있는데, 다이아몬드수저는 30억 이상이거나 가구 연 수입 3억 이상이며, 금수저는 20억 이상이거나 연 수입 2억 이상, 은수저는 10억 이상이거나 연 수입 8천만 원 이상, 동수저는 5억 이상 연수입 5,500만 원 이상, 그리고 흙수저는 재산이 5천만 원 미만이거나 연수입 2천만 원 미만이라고 한다.

'수저 계급론'은 교육만으로는 계층 이동이 불가능하다는 가설에 근거한다. 개천에서 용 나던 시대는 호랑이 담배 피울 때 이야기가 되었다. 억울하지만 자식의 성공은 부모의 능력 여하에 따라 결정된다는 말이다. 자신이 노력해서 장래 운명을 결정짓는 것이 아니라, 부모의 재력이 자식의 운명을 결정한다는 서글픈 논리이다. 이제 부모는 악착같이 벌어서 자식에게 동수저라도 쥐여 주어야 하는 처지로 전락하고 말았다.

지방의 어느 국립대학을 나온 장관 지명자가 국회 청문회 과정에서 낙마했다. 수저 이야기 때문이다. 그가 사석에서 이런 말을 하여 낭패 본 것이다.

"내가 시골 출신에 지방학교를 나온 흙수저라고 무시한 ××들 두고 보자."

이와 같은 분에게 '관운이 있다'고 한다. 높은 자리에 오르기 위해서는 본인의 능력뿐 아니라 운이 따라야 한다. 여기서 운이란 개인의 복만이 아니라 타인의 많은 도움과 조직의 지원을 말한다. 그렇다면 그에 합당한 공복으로서의 사명감과 책임감, 덕성도 갖춰야 마땅하지 않겠는가?

수저 기준으로 본다면 나도 흙수저임이 틀림없다. 그러나 나는 '수저 계급론'에 동의할 수는 없다. 흙수저가 어때서, 되먹지 못한 금수저는 흙수저보다 못하다. 수저를 갖지도 못한 무수한 영혼에 비하면 흙수저라도 가진 나는 분명 행운아다. 사람들은 왜 쳐다만 보고 살려 하는지 모르겠다. 태생적 배경을 이유로 자신의 장래에 재갈을 물려서는 안 된다. 나를 세상에 오게 한 부모님을 재화 같은 통속적인 잣대로 평가하다니 될 법한 말인가?

'수저 계급론'으로 세상을 어지럽히는 사람들에게 한마디 하고 싶다. 왜 하필 '수저 계급론'인가! 인간의 운명이 이런 식으로 결정된다는 가정은 너무 극단적이고 재미없는 일이 아닌가? 옛말에 '초년 고생은 사서도 시킨다.'는 말이 있다. 자식이 험난한 세파를 제대로 헤쳐나가는 힘을 키우기 위해 선인들은 시련을 겪게 했다. 지혜로운 이는 혹독한 시련을 이겨낸 자식에게만 글을 읽혔다. 권불십년 재불삼대權不十年財不三代란 말의 의미를 알았기 때문이다. 어느 날 시련이 닥쳐 금수저가 흙수저로 전락했을 때를 상상해 보라. 온실에서 자란 화초가 야생에서 살 확률은 높지 않다. 모진 비바람 맞으며 잡초처럼 자란 흙수저라면 벼랑 끝에 서서도 절대 절망하지 않을 것이다.

주변을 둘러보면 흙수저로 태어났지만, 금수저보다 빛나는 다이아몬드 수저로 변신한 사람을 흔히 볼 수 있다. 인생의 참맛은 역전에 있다. 야구에서 9회 말 역전 홈런으로 짜릿한 승리를 맛보듯, 시련을 극복하고 얻은 열매는 더욱 달다. 세상이 어찌 될지는 아무도 모른다. 금수저는 잘해야 본전이지만 흙수저는 밑져봐야 본전이다. 자신의 노력에 따라 온갖 수저로 변신할 수 있다. 인생이란 한 편의 드라마이며 이 드라마의 주인은 바로 자신이다. 해피엔딩이냐, 새드엔딩이냐는 순전히 자신의 몫이다. 세상의 모든 흙수저를 응원한다.

목구멍이 포도청

젊었을 때 '사람은 먹기 위해 사는가, 살기 위해 먹는가?'라는 명제로 친구들이 모여 논쟁을 벌인 일이 있다. 논쟁이 치열해지자 쓸데없는 일로 서로 감정 상하지 말자는 중재자의 만류로 싱겁게 결론도 없이 끝났다. '왜 사는가, 어떻게 살아야 하는가?' 하는 문제와 직결된 것이어서, 그 뒤 혼자서 가끔 이 문제를 깊이 생각해 보기도 했다. 삶의 일차적인 욕구와 관련된 문제이기에 여운이 남는다.

둘째 아들 집에 모처럼 들렀다. 서울에 볼일이 있어 왔다가 얼굴이나 보고 갈까 해서다. 먹는 건 제대로 챙겼는지 어떤지, 모자간에 통화할 때마다 곁에서 듣긴 하였다. 그렇지만 어떻게 먹고 사는지 내 눈으로 확인한 일은 매우 드물었다. 출근하고 없는 아파트 문을 열고 들어갔다. 깔끔하게 정리되지 않았지만 빨래 걸이에 빨래도 가지런히 널려있고, 그릇도 세척되어 말려지고 있었다. 냉장고를 열어보니 아내가 보내준 반찬이 그다지 줄지 않았다. 쌀통도 마찬가지 그대로이다. 도대체 뭘 먹고 지내기에 줄어들지 않았는지 궁금해진다. 일반 쓰레기통과 음식 쓰레기통을 뒤져보았다. 그제야 의문이 풀렸다. 수북한 라면봉지에 먹다 버린 통닭 그리고 피자 쓰레기 등, 둘째가 먹고사는 모습이 눈에 선하다.

아침 여섯 시, 기상나팔인 양 알람이 울린다. 깜짝 놀라 후다닥 잠에서 깨어 대충 씻는다. 라면 한 봉지 포르르 끓이고 옷을 갈아입는다. 출근 시간이 급하여 설거지도 못 하고 승강기로 달려간다.

오후 여덟 시 무렵, 후줄근한 모습으로 아파트 문을 연다. 배에서 쪼르륵 소리가 난다. 밥을 하려고 생각하니 귀찮다. '피자나 불러 먹을까? 아니 고소한 통닭 부르자.' 단골집에 문자를 보내면 잠시 후 음식이 배달된다. 숨 쉴 겨를도 없이 후다닥 통닭을 뜯어 먹은 후 대충 뒷정리를 마치고 샤워를 한다. 텔레비전을 켜서 뉴스를 보며 밀린 카톡이나 문자 메일을 주고받는다. 늦은 열 시가 넘자 식곤증과 피로가 함께 밀려와 잠이 든다.

"다 먹고 살려고 하는 일인데"

한숨과 함께 탄식조로 한마디 한다. 아내도 기가 막히는지 표정이 떫은 감 씹은 표정이다.

둘째는 몸무게가 세 자릿수다. 어릴 때 교통사고로 운동을 잘하지 못한다. 먹는 것으로 스트레스를 푼다. 먹고 소비하는 영양소의 불균형이 비만으로 이어졌다. 살을 빼려고 수영도 하고 걷기도 한다. 거기에 다이어트를 위해 점심도 굶는다. 그러나 저녁에 배가 고프니 많이 먹는다. 요요현상으로 오히려 살이 더 찐다. 저녁에 회식이나 친구들과 술자리가 있으면 표피 면적이 있으니 넉넉하게 들어가리라. 그런 다음 밤늦게 귀가하여 깊은 잠에 곯아떨어지면 그 영양소가 어디로 갈까?

나는 혼자서 자취하는 사람들의 애환을 잘 안다. 청소년기에 겪었던 일이기에 안 봐도 훤하다. 역지사지로 생각하면 아들의 애환이 이해가 간다. 그때에는 연탄불에 냄비 밥하고 된장 끓여 국처럼 먹었다. 그런 세월을 무려 8년. 영양가 있는 음식을 먹고 자라야 할 시기에 조석의 두 끼라도 챙겨 먹으려 애썼다. 참 많이도 굶었다. 내가 굶는 것은 그래도 참을 수 있었다. 그러나 동생과 함께 자취할 때, 굶고 학교 가야 하는 동생을 보면서 속으로 울었다. 연탄불 꺼져서 굶었고, 점심은 못 싸가니 굶었다. 모진 세월 어서 지나갔으면 했는데 그땐 세월도 왜 그리 더디게 갔는지 모른다. 굶는다는 것이 얼마나 두려운 일인지 겪어 보지 않으면 모른다. 오죽하면 '목구멍이 포도청'이라고 했을까?

음식이 사람의 건강을 좌우하는 지표이다. 요즈음 많은 젊은이가 판매되는 간편식으로 끼니를 해결한다는 것이다. 패스트푸드나 방부제와 각종 첨가제가 가미된 음식은 인체에 해를 끼친다. 소량을 가끔 먹으면 큰 문제가 되지는 않겠지만, 하루가 멀다고 먹는 음식이 이와 같다면 심각하다. '가랑비에 옷 젖는다'라고 하였다. 시간에 쫓기든, 다른 이유이건 이 나라 젊은이들의 건강이 심각한 문제에 직면해 있다.

살기 위해 먹든, 먹기 위해 살든, 삶을 영위하려면 우선 먹어야 하며, 먹지 않고는 살 수가 없다. 먹고 건강해야 소망하는 일을 할 수 있다. 직장생활도 따지고 보면 결국 먹고살기 위한 일이다. 생계를 책임져야 하는 가장이 살기 위해 발버둥 치는 것도 이와 무관하지 않다.

먹거리가 지천으로 널린 세상이다. '돈을 잃는 것은 조금 잃는 것이요, 명예를 잃는 것은 많이 잃는 것이며, 건강을 잃는 것은 전부를 잃는 것'이라는 말이 남의 일 같지 않다.

안동 찡찡이

다른 지방에서 안동 사람을 이를 때 '안동껑껑이'라 합니다. 말끝에 '껴'라는 어조사를 붙이기 때문입니다. 같은 경상북도 사투리지만 끝말은 지역에 따라 작은 차이가 있고 뉘앙스가 다릅니다. 이를테면 상주 쪽은 '여'를, 포항이나 경주, 대구 쪽은 '교'나 '예'를 붙입니다. 그런 차이 때문에 몇 마디 나누다 보면 상대방이 어느 지역 사람인지 십중팔구는 짐작할 수 있습니다.

"요즈음 뭐 하고 사니껴?"

퇴직 후 가장 많이 듣던 인사입니다. 외지 사람들이 들으면 오해할 수도 있는 표현입니다. '남이야 어떻게 살든 뭐가 그리 궁금하냐?'하면 할 말이 없습니다. 그러나 안동 사람이면 그 말의 의미를 곧 알아차립니다. 딱 여덟 글자밖에 안 되는 이 말에는 복합적인 의미가 함축되어 있습니다. 퇴직하고 나니 심심하지요? 건강은 어떠신지요? 소일거리는 있나요? 무슨 일 하시는지는 모르지만 힘들지는 않나요? 등의 의미가 내포되어 있습니다. 안동의 말속에는 생략과 함축과 은유가 많습니다. 왜 그렇게 되었는지는 모르지만, 아마도 조상 대대로 입단속을 시켜 온 풍습과 무관하지 않으리라는 생각입니다.

"세 치 혀는 재앙을 몰고 오는 문이다. 혀 밑에 도끼가 들었다. 엎질러진 물과 말은 주워 담을 수가 없다."

어릴 때부터 귀에 딱지가 앉도록 들어 온 말입니다. 잡스러운 말은 입에 담지도 못하게 단속했지요. 농담 한마디에도 품격이 있어야 했습니다. 하고 싶은 말을 참 많이도 아꼈습니다.

그러자니 자연히 토론에 익숙하지 못하고 자기표현이 어눌합니다. 나서기를 꺼리며 주로 남의 이야기를 듣는 편이지요. 의견을 말해 보라고 하면 대게는 마지못해 '수의대로 하시더'하고는 입을 닫습니다. 내 주장이 없거나 있다 해도 약합니다. 그러니 속이야 어떻든 입에 발린 소리만 하는 사람들에게 밀릴 때가 많습니다. 배운 도둑질(?)이 겸양과 미덕, 열 번 생각해서 한마디 하는 것이니 현대 사회에서는 낙제점일 수밖에 없습니다. 그래서 손해 볼 때가 많기도 합니다. 미안하지만 이것이 바로 안동껑껑이의 우직한 모습입니다.

경상도 사람들의 심성을 딱 한마디로 표현한 말이 '태산중악'입니다. 즉 크고 높은 산처럼 웅대하고 장엄하며 심지가 굳다는 것입니다. 조선 영조 때의 실학자인 성호 이익 선생은 성호사설에서 "경상도는 산수가 모두 취합하고 풍기와 습관 또한 흩어지지 아니하며, 옛날 풍속이 그대로 지켜져 명현이 배출되는 국내 최대의 길지"라고 했습니다. 안동껑껑이에게 부합하는 말입니다.

안동껑껑이는 말 한 마디를 천금같이 소중히 생각합니다. 오죽하면 '말이면 다'라고 했겠어요? 언행일치와 신의를 목숨보다 앞세우는 사람이 안동껑껑이입니다. 그런 고장이기에 나라가 풍전등화 같을 때 그리고 모두가 몸을 사릴 때, 들불처럼 분연히 일어섰습니다. 인구 20만도 안 되는 작은 시골 도시이지만, 독립투사와 애국지사가 어떤 광역 자치단체보다 더 많이 배출된 것은 이런 배경 때문입니다.

요즈음은 자기 홍보 시대입니다. 생존경쟁에서 살아남으려면 가만히 있어서는 안 됩니다. 좀 나선다는 말을 듣더라도 자신을 내세우는 뭔가가 필요할 때가 있습니다. 예컨대 같은 능력을 지닌 두 사람이 있다고 합시다. 갑은 조신하게 제 일만 잘 처리하고, 을은 자신의 일을 상사에게 자주 홍보하고 소통한다고 합시다. 이때 상사는 어느 쪽이

더 유능하다고 볼까요?

인간은 묘한 존재입니다. 대게는 약삭빠르고 입에 혀같이 행동하는 사람들을 좋아합니다. 그러나 좀 어눌하더라도 오래도록 함께 지내다 보면, 곰삭은 김치나 된장 같은 맛을 지닌 사람을 더 좋아하는 부류도 있습니다. 구수한 된장 뚝배기 맛이라 할까요? 입사 시험에서 턱걸이로 합격한 안동껑껑이가 직장에서 빠르게 승진하는 것도 후자의 경우 때문입니다. 무거운 입과 말보다 행동으로 옮기는 실천력, 그리고 자기 생각이 옳다고 확신하면 불도저처럼 밀어붙이는 추진력이 안동껑껑이의 특기입니다. 맺은 인연을 소중히 하고 신뢰로 뭉쳐진 이들이 안동껑껑이입니다. 넘치기보다는 조금 모자란 듯, 항상 남보다 뒤떨어지는 것 같지만 뚝심이 넉넉한 이들이 바로 안동껑껑이입니다. 그래서 무뚝뚝하고 멋없는 안동껑껑이를 더 좋아하는지도 모릅니다.

호가호위

요즈음 텔레비전 볼 때면 채널을 뉴스가 아닌 다른 곳으로 돌린다. 대통령 비선 실세 의혹을 받는 사람의 행적이 온 나라를 뒤흔들고 있다. 조선 말기 좌의정을 지낸 김좌근의 첩실 나합이라는 여인이 있었다. 요부妖婦로 알려진 그녀의 행보는 조선 팔도 삼척동자의 입에까지 회자되었다.

김좌근은 안동김씨 60년 세도 정치에 절정을 이룬 세도가였다. 그는 지방 수령의 임면권을 혼자 거머쥐고 있었다. 그랬기에 알량한 오두미 자리라도 얻으려면 그에게 줄을 대야 했다. 세도가 김좌근을 등에 업은 나합, 그녀에게는 세상 무엇이든 거침이 없었다. 베갯머리 송사였는지 어쨌는지는 모르겠으나 그를 통하면 무조건 관직에 나갔고, 잘못 보이면 바로 파면이었다. 뇌물 액수에 따라 임지를 결정했는데, 젊은 미남의 경우에는 돈을 주지 않아도 발령을 냈다고도 한다.

달도 차면 기우는 법. 화무십일홍花無十日紅이라 하였던가? 김좌근을 등에 업고 세상을 떡 주무르듯 한 나합도 철종의 승하와 고종의 등극으로 세상이 바뀌자 하루아침에 낙동강 오리알 신세가 되고 말았다. 호랑이가 가죽만 남게 되었는데 호랑이 위세에 편승한 여우쯤이야 말해 무엇 하겠는가. 나합에게 대원군이 물었다.

"그대는 기생으로 안동 김씨의 세도를 업고 무소불위의 권력을 휘둘렀다는데, 과연 무슨 권한으로 그런 짓을 했는가?"

"오호, 그게 무슨 말씀입니까? 저는 안동 김씨의 제사에도 참석하지 못하는 가련한 첩입니다. 그런 제가 어찌 그런 일을 했겠습니까? 천부당만부당 모함이지요."

라고 해서 대원군이 할 말을 잃었다는 일화가 전해진다.

호가호위란 말이 있다. 여우가 호랑이의 위세를 빌려 허세를 부린다는 말로, 남의 권세를 빌려 위세를 부리는 사람을 두고 하는 말이다. 이 이야기는 유향이 편찬한 『전국책』 가운데 「초책」에 있으며, 강을이 초나라 선왕에게 들려준 여우의 우화에서 유래된 것이다. 당시 왕족이자 재상으로 명망이 높은 소해휼이라는 사람이 있었는데, 한나라[韓]를 비롯한 북방 인접국들이 모두 그를 두려워했다. 선왕이 신하에게 북방 여러 나라가 왜 소해휼을 두려워하는지를 물었다. 위나라 출신으로 평소 소해휼을 못마땅하게 여기던 강을이 대답했다.

"폐하, 북방 제국이 어찌 한 나라의 재상에 불과한 소해휼을 두려워하겠습니까? 호랑이는 백수를 먹습니다. 하루는 호랑이가 여우 한 마리를 잡았습니다. 그러자 잡아먹히게 된 여우가 말했습니다. '그대는 감히 나를 먹지 못할 것이다. 천제께서 나를 온갖 짐승의 우두머리로 삼았으니, 지금 나를 먹으면 천제의 명을 거스르는 것이 된다. 나를 믿지 못하겠다면 내가 앞장설 테니 내 뒤를 따라와 봐라. 나를 보고 감히 달아나지 않는 짐승이 있는가 보아라.' 호랑이는 일리가 있다고 생각하고 여우와 함께 갔습니다. 짐승들이 보고 모두 달아나기에 바빴습니다. 호랑이는 짐승들이 자기를 두려워해 달아난다는 것을 모르고 여우를 두려워한다고 생각했습니다. 대왕께서는 지금 국토가 사방 5천 리, 군사가 백만인데 이를 소해휼에게 맡겼습니다. 북방 제국이 소해휼을 두려워하는 것이, 사실은 대왕의 군대를 두려워하는 것입니다. 마치 짐승들이 호랑이를 두려워하듯이 말입니다."

우리 속담에도 '대신 집 송아지 백정 두려운지 모른다.'는 말이 있다. 인간이 사는 세상은 옛날이나 지금이나 다르지 않아서, 여우 같은 부류가 많았던 모양이다. 알량한 권력에 기대어, 마치 자신이 뭐가 된 양 거들먹거리다가 큰코다치는 법이다. 무심히 흐르는 세월 속에서 몇 년이란 찰나에 불과하다. 그 찰나 같은 시간에 권력을 등에 업고 엄청난 불장난을 하는 이들의 사고는 어떠할까?

권력이란 무상한 것이다. 힘 있는 자리에 있을때는 누구나 그의 비위를 맞추기 위해 온갖 술수를 다 부린다. 그러나 힘이 빠져 종이호랑이가 되면 표변하는 것이 세상 인심이다. 나폴레옹이 전쟁에서 승리하고 개선하자 프랑스 국민들은 그를 황제로 세우라고 열광한다. 이 광경을 본 나폴레옹이 한 말이 있다.

"~머지않아 저들은 나를 단두대에 세우라고 아우성칠 게다."

환호하는 군중 심리를 냉철하게 직시한 나폴레옹은 분명 시대를 초월한 영웅이었다. 그랬던 그도 권력의 속성을 저버리지 못해 어정쩡한 포즈를 취하다가 비참한 최후를 맞았다.

세상에 눈과 귀 있는 자라면 누가 떠오르는 태양이고 지는 달인 지 바로 알아챈다. 필筆을 휘두르는 자들이 하이에나 떼처럼 우르르 몰려와 이빨 빠진 사자를 물어뜯는다. 위풍당당할 때에는 언감생심 꿈도 못 꾸던 일이다.

무심코 던진 담배꽁초가 불씨가 된다. 어쩌다 바람을 만나면 초대형 산불로 번져 천지를 집어삼키기도 한다. 촛불이 횃불이 되고 횃불이 화마로 변하면, 그땐 하늘도 어쩔 수 없다. 철없는 아이에게 성냥을 쥐어주었으니 어쩌겠는가? 물가에 아이 세워둔 부모는 그저 속만 태울 뿐이다.

몸값

미국의 메이저 리거, 텍사스 레인저스 추신수의 연봉이 2015년 기준 1,860만$(한화 210억 원) 정도라 한다. 같은 메이저 리거 류현진과 강정호의 몸값은 얼마나 될까? LA 다저스 류현진은 482만$(51억 원), 피츠버그 파이어리츠 강정호는 275만$(29억 원) 정도로 알려졌다. 한때 세계적인 축구 스타 박지성의 몸값은 2005년 기준 1,200만 유로(180억 원)이고, 손흥민은 5년간 2,200만 파운드(402억 원)를 받기로 하였으며 2015년 영국 토트넘으로 이적했다. 가히 우리 같은 소시민들이야 꿈도 꾸지 못할 거액이지만, 그들의 지명도에 비한다면 이해가 된다.

비교적 현실적인 기준으로 앞에 언급한 스타 또래의 젊은이들이 받는 연봉은 얼마나 될까? 2014년 현재 대졸 신입사원의 연봉은 기업에 따라 다르지만 대기업은 4,000만 원에서 5,900만 원 사이이며, 중소기업은 2,463만 원, 이를 통틀어 대졸 초임 평균 연봉은 3,400만 원으로 집계됐다. 한편 초등교사의 초임은 2,160만에서 2,760만 원 사이이고, 일반 공무원은 직렬에 따라 차이가 있으나 2,400만 원 내외인 것으로 알려졌다. 백수나 취업 준비 중인 수백만 젊은이에게는 한없는 부러움이지만, 직업을 가진 이들 기준이 이 정도다.

우리 경제는 성장 과정에서 여러 유형의 사고로 국민들이 희생되었다. 그때마다 정부는 그들 유족에 대하여 일정 금액을 보상금으로 지급했다. 그러나 그 금액의 많고 적음은 사안의 중대성이나 국민 여론에 따라 천차만별로 혼란스럽다. 지난해의 세월호 사고로 지금까지 그 여파가 이어지고 있다. 정치인들은 이 사건의 손익 계산을 먼저 따지며 이상한 말과 행동들을 해 왔지만, 정부의 보상도 사안에 따라 너무 큰 편차를 보여 어리둥절할 뿐이다. 정부 보상안에 따르면, 희생자 유족에게 지급할 보상액을 학생은 8.5억 원, 교사 11억 원, 일반인 4.5억 원에서 9억 원 내외로 정한 것으로 알려졌다.

교통사고 사망일 경우 호프만식 계산법에 따라 보상액을 정하고, 산업재해로 사망한 경우에는 산업재해보상보험법에 의해 유족연금과 장의비를 지급받는다. 그런데 이 경우 그 보상금이 일실 수입이나 사회적 지위 등, 때에 따라 차이는 있겠으나 그렇게 크지는 않다. 세월호 참사와 같이 여론의 화살을 맞거나 정치적 손익 등에 따라 금액이 정해지면 그 차이는 극명하다.

올해 개봉한『연평 해전』이라는 영화가 국민들에게 화제가 되고 있다. 내용도 그렇지만 몸값이 주된 예기다. 이 영화는 우리가 월드컵 4강 신화를 쓰던 때 발생한 제 2 연평 해전을 영화로 각색한 것이다. 영화가 개봉된 후 전사자들의 보상금 문제가 여론의 도마 위에 올랐다. 그런데 이상한 것은 과거에『변호인』이란 영화에 대하여 비판적인 여론이 있을 때, 영화평론가들이 벌 때처럼 나서서 반박했다. 이에 반해, 이 영화에 대해서는 떫은 감 먹은 듯 묵묵부답이거나 부정적이다.

『변호인』이나『연평 해전』모두 감독이나 시나리오 작가가 전달하고자 하는 메시지를 적극적으로 부각하였다는 점에는 동일하다. 물론 사람의 생각은 천차만별이다. 그러나 가치중립적 입장에서 볼 때 인간의 생명은 누구든 존엄한 것이다.

몸값 예기는, 망자亡者의 보상금이 이렇게 천차만별이어야 하겠느냐 싶어서이다. 어른의 잘못으로 생을 마감한 자식을 둔 유족이나, 젊은 아내와 아이, 부모를 남기고 전사한 청춘들의 몸값을 어찌 금액으로 비교할까? 대통령의 취임사에서 정의 사회 구현에 대한 언급을 기억한다. 수학여행 중 사망한 사람에게 9억 원, 5.18 광주민주화운동 관련자 6억 원에서 8억 원, 민청학련과 민혁당 관련자 1인당 6억 원에서 25억 원을 지급했다. 이런 정부가 6.25 참전 용사에게는 매월 18만 원, 연평 해전 사망자 일시금 3,100만 원을 지급했다. 이러고도 법과 정의가 살아 있는 사회인가?

우리나라는 모병제가 아니고 병역 의무제 아닌가? 내 자식도 군에 복무 중이다. 자신이 원하지도 않은 군에 가서 전사하면 개죽음이 되고, 여행하다 죽으면 한몫(미안하지만) 잡는 나라에서 누가 자식을 군대에 보내려 할까?

특권층 자녀들은 미꾸라지 그물 빠지듯 병역 의무를 기피하는 세상이다. 나와 직접 관련 없는 일이면 어찌 되든 돌아보지 않는다. 머리띠 동여매고 농성이라는 투쟁을 해야만 두둑이 보상받는 나라가 제대로 된 나라인가 혼란스럽다.

사람 사는 세상에 모두 정답이 있는 것은 아니다. 다만 정답에 가까운 올바른 선택이 있을 뿐이다. 법과 정의는 누구나 공감하는 바른 선택이어야 한다. 상대방의 아픔이나 반대 의견도 '그럴 수 있겠다' 하고 수용하는 마음도 필요하다. 『연평 해전』 보상금의 교훈을 통해 이제 우리는 상대를 인정해야 한다. '나만이 옳다'는 독선에서 벗어나 더불어 상생하는 사회를 위해 지혜를 모아야 한다. 개인보다 공공의 이익을, 나보다 우리를 위한 사회 정의가 살아 숨 쉬는 유토피아를 꿈꾸어 본다.

상장과 노란리본

병원 영안실 상가에 가면 상주가 검은 양복에 완장을 차거나 상장喪章을 가슴에 단다. 우리의 전통 상례에는 완장과 상장은 없었다. 그런데 1934년 일제 조선총독부가 만든 '가정의례준칙'에 완장과 상장을 규정하고 있다. 일제강점기에 제정한 규범의 잔재가 아직도 남아 있다. 착용이 간편하다며 우리 것을 버리고, 생각 없이 가당찮은 일본의 법도를 따르는 것이 옳은지 모를 일이다.

옛 풍습에 비추어 완장은 예법에 어긋난 일이다. 전통은 상을 당하면 상주가 굴건제복하고 상장喪杖을 짚고 애통한 심정으로 문상객을 받는 것이 순리였다. 그렇다고 요즈음도 그렇게 하자는 것은 아니다. '성인도 시속을 따르라'고 시대가 그렇게 변모하고 있다. 예의라는 근본정신을 훼손하지 않으며 소중한 미풍양속의 맥을 이어갈 시점이 아닌가 한다.

어른들은 '상을 당하면 애통한 심정으로 상례를 치르라'고 했다. 상주는 문상객을 맞아 슬픔을 참고 예를 다하여 고마움을 표시해야 한다. 그런데 그렇지 못한 경우가 있다. 가까운 지인과 어울려 희희낙락하는가 하면, 문상객을 팽개치고 이야기를 나눈다. 또는 상주가 있어야 할 자리를 비우기도 한다. 상주는 어떤 경우에도 상주일 뿐이다. 상주가 빈소를 떠나 조문객 사이를 돌아다니며 웃는 모습을 망자가 본다면 어떻게 받아들이겠는가?

세상 풍조가 야릇하다. 연세가 많이 든 분이 돌아가시면 호상이라고 하여, 상주가 먹고 마시고 즐겨도 되는 듯이 말하는 사람도 있다. 참상이든, 호상이든 상을 당하면 모두 애통하고 비통하다. 상주를 위로하기 위해 호상이라고 말하는 사람도 더러 있을 것이다. 그러나 세상에 낳아주시고 길러주신 부모님이 돌아가셨는데 호상이라니? 생각만 해도 원통하고 애통한데 상주가 즐거운 표정을 지어야 하는가? 더욱이 이제는 대부분 삼일장 뒤 바로 탈상하는 세상이다.

세월호 참사가 있은 뒤 가슴에 노란 리본을 단 사람들이 많았다. 나도 노란 리본을 며칠간 달았다. 실종자의 무사 귀환을 바라는 간절한 마음과 애통함 때문이다. 그러나 한 주일쯤 지나고 불에 태워 하늘로 날렸다. 그리고 실종자들이 부디 저세상에서 평안을 누리기를 빌었다. 만약 살아있다면 구조될 수 있는 시간인 골든타임이 이미 지났기 때문이다. 그런데 그 노란 리본을 몇 달도 아니고 몇 년을 달고 다니는 사람들이 눈에 띈다.

노란 리본은 전쟁터에 나간 사람의 무사 귀환을 바라는 상징이라 한다. 살아 있는지 죽었는지도 모를 상황이라면 당연히 달 수 있다. 그러나 비록 실종자 수색이 이루어지고 있는 상황이라고는 하나 이미 사망한 것이 확실하다. 실종자 수색에서 건져 올린 사람도 모두 시신이었다. 그런데도 노란리본을 달고 다니는 사람은 어떤 생각을 가졌을까? 자신의 부모와 일가친척이 돌아가셨을 때 몇 년씩 상장을 달고 다녔을까?

의문이 꼬리를 물고 이어진다. 상식으로는 이해할 수 없는 일이 일어나는 세상이다. 세월호 참사를 교묘히 정치적으로 이용하려는 사람들을 본다. 세상이 어지러움을 틈타 사회 불만 세력들이 불씨를 지핀다. 노란 리본으로 무장한 세력들이 군중심리를 자극한다. 시류에 따라 갈대처럼 흔들리며 생각 없는 양들이 우르르 몰려다닌다. 교활한 이리가 양을 이용하고는 그대로 둘까? 거짓을 일삼던 양치기 소년을 사람들은 이미 거들떠보지도 않는다. 생선 가게가 통째로 고양이에게 넘어가는 모습을 대책 없이 지켜볼 뿐이다.

무엇이든 그 본질이 잘못되면 돌이킬 수 없게 된다. 주자의 경재잠敬齋箴에 '일이 털끝만큼이라도 어긋남이 있으면, 천지의 자리가 바뀌어, 삼강이 무너지고 구법이 실추할 것毫釐有差 天壤易處 三綱旣淪 九法亦斁'이라 했다.

상장이나 노란 리본이 이 경우다. 완장은 완장으로서의 상징성이 있고, 노란 리본은 노란 리본이 상징하는 것이 있다. 이것이 상징하는 바가 다른 의미나 상징으로 쓰이게 됨으로써 일어날 수 있는 차이는 그야말로 하늘과 땅 사이만큼 벌어지게 되는 것이다. 지금은 노란 리본이 흔들려 생긴 바람이 강풍이 되고, 강풍이 폭풍우로 변모하는 중이다.

의재정아義在正我라고 했다. 사람이 행해야 할 바른 도리를 의라고 한다. 즉 도의道義를 말한다. 의는 나를 바로 세움에 있다는 말이다. 입신立身하되 입정신立正身을 이르는 말이다. 스스로 바로 서지 않고서는 남 앞에 설 수 없는 것이다. 바로 서지도 못한 사람들이 바람처럼 날아다니는 사회가 정상적일 수 없다. '나라를 다스리려는 사람은 먼저 가정을 가지런히 하고, 가정을 가지런히 하려면 몸을 닦아 입정신해야 한다.'『대학大學』에 나오는 말이다. 상장이나 노란 리본도 마찬가지다. 남이 장에 간다고 똥장군 지고 장에 갈 수는 없지 않은가? 군중 심리를 교묘히 이용하여 자신의 야욕을 채우려는 무리들을 경계해야 할 때이다. 의재정아가 절실히 요구되는 현실이다.

스타일

스타일 하면 '오빤 강남 스타일!'하는 싸이가 떠오른다. 그가 '강남스타일'이라는 노래와 춤으로 세계적인 음악 잡지 빌보드 차트에서 1위를 한 적이 있다. 싸이하면 말 춤이 연상될 만큼 독특한 이미지로 우리에게 다가온다. 스타일이란 주로 헤어스타일이나 의상스타일처럼 패션이나 영화 등에서 주로 쓰이는 말이다. 그러나 한 개인에게서 발견되는 독특한 행위나 양식, 캐릭터 등을 이를 때에도 스타일이란 말을 즐겨 쓴다.

스타일의 이해를 돕는 말로 스타일리스트를 들 수 있다. 스타일리스트는 대개 상품이나 연예인과 광고 등의 이미지를 관리하는 사람. 코디네이터와 혼용하여 쓰이기도 한다. 대부분 프리랜서로 활동하며 영화사, 광고사, 잡지사 등의 의뢰를 받아 일한다. 최신 유행은 물론 시대의 고증에도 능통해야 하는 직종이다. 나아가 연출 및 촬영에 관해서도 어느 정도 식견을 갖추어야 한다. 여기에서 말하고자 하는 스타일은 패션이나 영화, 광고, 상품, 연예인 등과는 거리가 먼, 한 개인에서 발견되는 독특한 특성이나 행위 양식 즉, 풍기는 이미지와 캐릭터에 가까운 것이다.

계모임에서 '울지 않는 새를 어떻게 하면 울게 할까?'하는 명제를 두고, 자신이 선호하는 스타일을 익살스럽게 표현하여 좌중을 웃겼다. 그러다 이야기가 엉뚱하게 '역대 대통령이라면 어떻게 했을까?'로 번져 갔다.

먼저 이승만 대통령의 스타일이다.

"사사오입 개헌을 하더라도 새를 울리라고 부통령에게 명한다."

라고 한 친구가 말했다.

"아니야! 국민이 원한다면 새를 울리지 않겠다. 그리고 새장을 버리겠다."

이어서

"내 편의 새이면 울든 말든 그냥 두고 상대편 새면 울 때까지 조진다"

등 새로운 이야기가 나올 때 마다 폭소가 터진다. 가슴속에 쌓였던 카타르시스가 발산되는지 모두들 신명이 났다. 흔히 직장인들이 자신의 상관이나 간접 상사에게 쌓였던 감정을 안주삼아 비아냥거림으로써 스트레스를 푸는 일이 흔하다. 오늘은 그보다 더 신명난 것 같다.

다음은 윤보선 대통령이다.

"내각에서 알아서 울리라고 한다"

"민주적 절차에 따르되 울려도 되는지 대모꾼들에게 물어보라고 한다"

등, 재임 기간이 짧아서인지 큰 반향이 없다.

박정희 대통령이다.

"그 새가 반공인지 조사해봐! 아닌데도 울지 않으면 없애버려!"

"(정강이를 차며) 야, 인마, 울리라면 울리지 뭐 말이 많아!"

전두환 대통령은

"야, 울지 않으면 삼청교육대 보내!"

라고 하자,

"이봐, 모가지를 비틀어서라도 울려!"

라는 대목에서

"박력이 있다"

고 양념을 친다. 점입가경이다.

노태우 대통령은,

"울 때까지 내버려 둬. 지 답답하면 울겠지"

하자

"그래, 역시 물태우야!"

하고 빈정거린다.

김영삼 대통령은,

"골치 아프게 내게 왜 물어? 그런 건 머리 좋은 참모들이 알아서 하라고 해!"

라고 하자

"좋을시고!"

호흡을 맞춘다.

다음은 김대중 대통령이다.

"울도록 부추긴다"

"에, 그란디 나가 노벨평화상 받는 것과 상관 있능감? 있으면 한번 울려 보드라고!"

하자,

"한반도에 평화만 온다면 울지 않아도 그냥 둬. 꼭 울어야 헐 필요가 없제잉!"

하고 되받는다.

노무현 대통령은

"니가 울지 않는 건 시방 나하고 막가자는 거냐고 따진다"
하자,
"울지 않으면 부엉이 바위에서 뛰어내리겠다고 협박한다"
에서 얼굴을 찌푸린다.

이명박 대통령은
"새가 왜 울지 않는지 사찰하라고 지시한다"
"지금 4대강 사업이 중요한데 새까지 속을 썩이면 어떡해! 국정원장, 조치하라구!"
라는 대목에서 '그놈의 4대강' 소리가 터져 나온다.

박근혜 대통령이다.
"어떻게 하면 울릴 수 있는지 최 아무개에게 물어 본다"
라고 하자,
"그게 아니지, 비서진에게 울리라고 지시해야지?"
까지는 거침이 없다.

문재인 대통령 대목에서는 모두 노코멘트다. 중론이 지금 평가하다가 자칫 적폐로 몰리면 어떤 불이익이 돌아올지 모른다는 것이다. 실례로 '본인의 집권 중에는 민간인 사찰은 없다'고 공언 했지만, 어떤 비서관이 사찰 사실을 폭로했다는 것이다. 모두가 자라목이 된다. 입 한번 잘못 벙긋했다 괘씸죄에 걸리면 신세 망친다. 죄 중에 제일 무서운 죄가 괘씸죄라 하지 않는가?

돌아오는 길에 곰곰이 생각해 본다. '나는 어떤 스타일인가?' 글쎄다. 자신의 스타일을 논한다는 건 지극히 아전인수 격이다. 남들이 스타일을 평가해야 옳다. 40년이 넘도록 직장 생활하면서 동료들에게 강직한 스타일이란 평은 여러 번 들어왔다. 꺾이면 꺾였지 휘어지지 않는 스타일이라 했다. 그렇지만 때로는 원만한 측면도 있다고 했다. 제자들은 이야기를 잘 들어주는 민주적 스타일이라고 했다. 아내는 똥고집쟁이 란다.

보는 이의 관점에 따라 평가하니 어느 말이 맞는지 모르겠다. 산은 오를 때보다 내려올 때 더욱 조심해야 한다. 인생 내리막길, 결승 테이프 끊기 전에 스타일 구기고 싶지 않다.

부모 마음

어떤 계모임에서 한 친구가 우스갯소리를 했다.

“나는 앞으로 명절 지나고 고속도로 휴게소에 가서 어정거려야겠어. 할 일도 없는 백수가 운 좋으면 횡재할 수도 있으니까”

모두 무슨 말인지 몰라 그 친구를 바라보았다. 지난 추석 연휴 때 어떤 휴게소에서 청소부로 일하는 사람이 쓰레기 더미에 버려진 무거운 보따리를 주웠단다. 그 보따리를 풀어보니 떡이며 과일, 과자부스러기, 고구마, 파 등과 함께 검은 비닐봉지 안에 뭔가 꼬깃꼬깃하게 접힌 것이 있더라나. 그것을 펴 보니 만 원권, 오천 원권, 천 원권 지폐가 여러 수십 장이나 있더란다.

오늘을 사는 풍속도를 보는 것 같아 입이 벌어졌고, 익살스러운 그 친구만 바라보았다. 보따리 버린 자식의 고향 집 풍경에 이어 차 안의 부부가 눈에 선하다. 명절 지나 제집 찾아가는 천금 같은 내 새끼, 가다 배고프면 먹으라고 음식 싸서 넣고, 두고두고 먹으라며 있는 것 없는 것 닥치는 대로 보자기에 싸는 부모의 모습을 본다. 그리고 몰래 한두 푼 꼬깃꼬깃 모은 돈도 보자기 바닥에 얼른 넣는다. 그런 부모 마음을 자식이 알 리가 없이, 보따리를 아니 가져간다고 할 수도 없어 뒤 트렁크에 싣는다. 그제야 부모는 속이 편해진다. 아쉬운 작별을 하는 부모는 차가 보이지 않을 때까지 배웅한다.

차 안 모습이다. 아내가 남편에게 쫑알거린다. 처치 곤란한 짐 덩어리는 뭣에 쓸려고 받아왔냐? 안 그래도 트렁크 복잡한데 냄새 고약한 보따리 때문에 다른 물건까지 다 버리니 당장 쓰레기장에 버려라. 운전대를 잡은 남편은 긁어대는 아내의 바가지에 백기를 든다. 그제야 아내는 입을 다문다. 드디어 도착한 휴게소에서 남편은 트렁크를 열고 보따리를 꺼내 주위의 이목을 살피다 마지못해 내려놓는다. 부모님의 따스한 정까지 쓸어서 버리는 것 같아 뒤가 켕긴다.

십여 년 전 서울의 청소부들이 명절 뒤 대문밖에 보따리째로 버려진 물건들을 치우다 횡재했다는 보도가 있었다. 그런데 이제는 고속도로 휴게소로 장소가 바뀌었다. 이 이야기를 누님에게 드렸다.

"안 가져가려는 자식에게 싸줄 일 없어. 제가 가져가겠다면 모르지. 요즘 애들 어디 배고파 본 적이 있나? 아까운 것도 없고. 아쉬운 것도 없는데, 굳이 원하지도 않는 물건 싸 줘 봤자 좋은 소리 안 해. 다 저 편하게 살도록 둬, 미주알고주알 간섭하고 잔소리 할 일 없어, 난 벌써 그런 면에서는 해탈했다."

하며 허허 웃는다.

우리 부부의 모습을 가만히 그려본다. 원하지도 않는데 김치 담아 보내고, 고구마와 감자를 캐면 그것을, 애호박이며 부추, 풋고추, 가지, 열무와 시금치 등 수없이 보냈다. 도시에서 청정 먹거리는 어떻게사 먹을 수 있을까 싶어서다. 그러나 그저

"잘 받았어요. 잘 먹을게요."

라는 한 마디에 신이 나서이다. 그걸 받는 며느리가 정말 고마워서 하는 말인지, 싫지만 의례적인 인사로 하는 말인지도 모르고. 그렇지만 보내고 나면 그래도 마음이 편안했다.

'자신이 부모가 되어 보아야 비로소 부모 마음을 안다'라고 하였다. 나는 맏이여서 부모님과 함께 살았다. 아내도 나도 직장 나가 농사는 짓지 않았다. 그렇지만 어머님은 당신의 피붙이들이 집에 오면 무엇이든 싸주고 싶어 안달하셨다. 떡 한 조각 대추 한 줌이라도 싸서 보내야

마음 편해하셨다. 용돈 쓰시라고 매달 조금씩 드린 돈은 늘 그들 손에 쥐어졌다. 때로는 동생 빚을 형인 내가 안 갚는다고 역정도 내셨다. 그땐 어머님을 이해할 수 없었다. '나도 모든 걸 사 먹고 사서 입는데, 왜 저렇게까지 하실까? 그리고 그들은 손에 호박 달아 놓았나?'라는 생각도 했다.

이제 그때의 부모님 나이가 되고 남의 부모가 되고 보니 조금씩 그 마음을 알 것 같다. 헐벗고 굶주렸던 시절을 외나무다리 건너는 심정으로 살아오신 분들이니 자식들 먹거리에 더욱 애착이 갔으리라. 당신은 맏이란 팔자를 타고났기에 동생들 모두 혼인 시켜 살림 내어 줬다. 그런데 너는 동생들에게 그 정도도 못 하느냐는 심정이었으리라.

노을 붉게 물드는 들녘을 보니 온통 허허롭기만 하다. 산모롱이 노랗게 장식하던 들국화마저 져 버린 초겨울이다. 또 한 해가 속절없이 지나간다. 부모님 모두 저세상으로 가신 지 벌써 십 년이 넘는다. 며칠 전 꿈속에서 본 어머님은 아직도 정정하셨다. 고향 집 대문 앞에서 날 기다리시던 그 모습 그대로이다. 살아생전 어머님 마음을 알아 챙기지 못한 일이 생선 가시 목에 걸린 듯하다. 연세 많이 드실 땐 늘 잔병치레로 애태우시던 어머니, 부디 저 세상에서나마 편안하시고 행복하시기를 빈다.

겪어봐야 알지

어지럽고 매스꺼우며 말하면 머리가 혼란스럽습니다. 오른쪽 귀를 솜으로 꽉 틀어막은 기분입니다. 이석증이 심해 머리가 띵한 상태여서 도무지 깊이 생각할 수도 없습니다. 한쪽 귀가 난청이니, 오른쪽에서 부르는데도 왼쪽으로 돌아다봅니다. 방향 감각이 사라졌습니다. 청각 장애자들의 고통과 혼란스러움을 겪어보고서야 비로소 알겠습니다.

며칠 전 돌발성난청과 이석증이 함께 찾아왔습니다. 나이 먹은 생각은 않고 몸을 혹사한 탓입니다. 그러나 이미 때는 늦었습니다. 의사는 회복된다 하여도 이전 같지는 못할 것이라 합니다. 건강할 때 건강의 중요성을 잊고 살았습니다. 아파보니 건강이 얼마나 중요한지 사무치게 느껴집니다. 나는 워낙 체질적으로 건강을 타고났습니다. 누가 피로하다거나 아프다고 하면 '잠시 쉬면 거뜬할 텐데 엄살이 왜 그리 심하지?'하고 고개를 갸우뚱거렸습니다. 우리가 산소의 중요성을 모르고 살다가 물속에서 숨을 쉬지 못하고서야 산소의 중요성을 깨달 듯 말입니다. 아내가 쓴소리를 합니다.

"마냥 청춘인 줄 알아요? 제발 아무것도 하지 말고 쉬소. 나이 들면 아프지 않고 건강하게 살아주는 것만으로도 남에게 폐 끼치지 않는 일이시더. 제발 자중자애하소."

그런데 그게 그렇게 쉬운 일입니까? '건강이 회복될 때까지, 아니 어느 정도 회복되더라도 무리하지는 말아야지.'하고 거듭 다짐해 봅니다.

지방 선거에서 대학 동기생인 한 친구가 교육감에 출마했습니다. 40년 넘게 경쟁하며, 앞서거니 뒤서거니 그렇게 한 길을 같이 걸어온 친구였지요. 이번이 절호의 기회이니 도와달라며 요청합니다. 하필이면 내가 동기 회장이라고 모두 나만 쳐다보고 있기에, 어쩔 수 없이 선거에 휩쓸리게 되었습니다.

선거를 치르면서 '물은 건너봐야 그 깊이를 알고 사람은 겪어봐야 그 속마음을 알 수 있다.'는 말을 절감했습니다. 세상 인심의 박절함을 뼈저리게 느꼈습니다. 그래도 동기생들만은 힘을 보태주리라 믿었습니다. 오판이었습니다. 후보자의 덕이 모자라서인지 나의 덕이 부족해서인지 참패하고 말았습니다. 선거가 끝나고 깊은 충격에 빠져 몸도 마음도 만신창이가 되었습니다. 며칠간 외부와의 연락을 끊은 채 두문불출하며 마음을 정리했습니다.

어린 시절, 조부께서 옛날 예기를 들려주시고는, 이 이야기와 관련하여 '사람은 죽은 후에야 정을 알게 되고, 돈이 없어 봐야 사람의 본심을 알 수 있다. 지닌 권세가 있다면 그 권세가 떨어지고 나서야 진실한 마음을 알 수 있다'고 하신 말씀이 생각납니다.

겪어봐야 안다는 철학을 절절히 느낀 분이 추사 김정희 선생일 것입니다. 눈 덮인 계곡에 외로운 오두막과 의연한 소나무, 바로 유명한 세한도이지요. 세한도는 그가 제주도에 귀양 갔을 때 그에게 변함없는 신뢰를 보여준 분에게 보내기 위해 그려진 것이라 합니다. 세한歲寒은 『논어』「자한子罕」편 27장의 '세한연후지송백지후조歲寒然後知松柏之後凋'에 나오는 말입니다. '만물이 무성하여 번창할 때에는 비록 정도의 차이가 있어도 그 굳셈을 판단하여 구별하기 어렵다. 그러나 찬 바람이 불고 영하의 추위가 이어지면 성함과 쇠함이 확연히 드러난다. 오직 소나무와 잣나무는 전과 같이 푸름을 잊지 않고 우뚝 홀로 서 있으니, 비로소 나중에 마르는 줄을 알게 된다.'는 말입니다.

사람도 마찬가지입니다. 평시에는 사람 됨됨이를 잘 구별할 수 없습니다. 그러나 특별한 일을 겪고 나면 짐작할 수 있습니다. 심지가 굳고 신의를 목숨처럼 여기는 사람이 있는가 하면, 작은 것이라도 자신에게 이득이 되는 일이라면 부모도 팔아치울 사람도 있지요.

반백 년을 벗으로 정 나누며 사는 친구가 있습니다. 평소에는 무덤덤하지만 내가 어려울 때마다 진심으로 걱정해 줍니다. 그저 쉼 없이 흘러가는 시냇물이었다가, 어느 순간 귓불을 스쳐 가는 바람 같은 친구입니다. 만날 때마다 시시한 소리만 하다가 헤어지지만 언제나 싫지 않은 친구입니다. 요즈음 세간에 유행하는 노래 '보약 같은 친구'입니다. 달콤한 말보다는 쓴소리나 하고, 술이 과하면 늦은 밤 전화해서 보고 싶다고 단잠을 깨우기도 하지요. 철들기 전부터 하는 짓이지만 그런 그가 오히려 편하고 좋습니다.

겪어보지 않고 알 수 없는 것이 사람의 마음입니다. 내가 아파봐야 남의 아픔을 알고, 일을 당해봐야 사람을 알 수 있습니다. 인생에서 올해만큼 큰 교훈을 얻은 해는 없었습니다. 아픈 만큼 성장한다 했던가요? 우물 안 개구리가 세상 밖으로 고개를 내미는 순간입니다. 이제는 세상을 조금이나마 바르게 바라볼 힘이 생기는 듯합니다. 다 늙은 뒤 눈 뜬들 무슨 소용이 있겠습니까? 하나씩 내려놓고 사는 내리막길인데요.

사색하는 들풀

04

아지매 — 뿌리내림 — 사색하는 들풀 — 사람의 도리 — 미역국 — 무덤 메우기 — 어른의 시간 — 앞산을 오르다 — 진돌이 — 호마와 월조

아지메

아지메를 큰집 가족 묘원에 모셨다. 매봉산 삼수령을 넘어 남한강의 발원지라는 검룡소를 지나 한참을 다시 반대편으로 올라간 매봉산 8부 능선이다. 섣달의 태백시공원묘원은 겨울왕국 그 자체다. 칼바람이 얼굴을 스쳐 시리다 못해 따갑다. 오늘 아침 해발 1,000미터가 넘는 이곳은 영하 20도는 족히 넘으리라. 가까이 넓게 펼쳐진 묘원이 황량하며 사방은 산이다. 끝없는 산이 병풍처럼 둘러싸고 있는 태백산맥 등줄기에 올랐다. 몸이 성치 못한 상주는 혈색이 백지장이다. 입이 얼어서 말이 잘 나오지 않는다. 울컥 눈물이 흐르기도 한다. 칼바람이 부채질한 탓이다. 복도 지지리도 없는 분, 훨훨 날아서 하늘나라에서나마 행복하시기를 기원해 본다.

상주는 친가로는 팔촌이며 양가로 따지면 열촌이다. 고조부께서는 삼 형제셨다. 두 분의 형님이 계셨는데 이들 모두 대를 이을 아들이 없었다. 아들 형제를 두신 고조부께서는 내 증조부 형님인 종증조부님을 큰집에 양자 보냈다. 둘째 집은 아들이 없으니 자연히 대가 끊어졌다.

예로부터 팔촌까지는 당내라 하여 한 가족으로 본다. 망인인 아지매는 내게는 큰집 둘째 재종숙모이다. 가난을 대물림한 집으로 출가하여 숱한 고생으로 살다 가셨다. 내가 초등학교 1학년 때인가? 큰집 첫째 재종숙이 없는 살림에도 노름에 손을 댔다. 밥줄이던 손바닥만 한 땅이 남의 손에 넘어갔다. 조부는 작심하고

"네 식구 데리고 동네를 떠나라"

고 내치셨다. 둘째 재종숙이 동생 넷과 종조모를 모셨는데, 사는 게 말이 아니었다. 조부께서 먹고 살라고 주신 땅 몇 뙈기와 남의 땅 몇 뙈기를 얻어 부쳤다. 날품팔이에 약초 캐어다 팔기, 대리 부역 등, 온갖

궂은 일 다 해도 먹는 것은 개 보름 쇠듯 했다. 딸린 식솔은 늘어나고 먹고 살 길이 막막했다. 보릿고개가 절정일 무렵 둘째 재종숙은 가산이랄 것도 없지만, 훌훌 털고 60년대 초반 정든 고향을 떠났다. 소위 인생 밑바닥인 광부로 호구지책이나 할까 해서였다.

태백(장성)은 우리 집안의 아린 흔적이 덕지덕지 붙어있다. 한 집안이 풍비박산이 된 한 맺힌 곳이자, 삼종 아우들이 부모의 희생을 딛고 일어선 굴기의 땅이다. 인생 막장인 광부, 둘째 재종숙은 함께 일하던 막장에서 꽃다운 나이의 동생을 잃었다. 석탄 더미에 깔려 종잇장처럼 구겨진 동생의 주검, 한 줌 재만 남기고 연기 속에 사라져 간 동생을 가슴에 묻어야 했다. 그 뒤 자식을 앞세운 종조모는 곡기를 끊고 셋째 재종숙을 따라가셨다.

셋째 재종숙의 사망 소식에 이어 종조모의 사망 소식을 들으신 조부님은 몸져 누워 흐느끼셨다. 가난이 죄요, 당신이 죄인이라고. 셋째 재종숙모는 남편을 잃고 외아들 굶기지 않으시려고 보따리 장사하시다가 철암 어디에선가 차에 치어 또 돌아가셨다. 줄초상이 난 것이다. 하늘이 원망스럽다는 둘째 재종숙. 그도 얼마 전 광부 생활로 얻은 지병, 진폐증으로 고인이 되셨다. 셋째 재종숙 내외와 종조모도 이곳 어디쯤 묻혀 계시리라.

가족묘원에 유골을 정중히 모시고 망인에게 작별을 고하니 눈물을 주체할 수 없다. 상주인 삼종 아우들은 눈물을 잘 참는데 나만 우니 부끄럽기도 하다. 지난날이 떠올라 통곡하고 싶다. 그렇지만 차마 소리 내어 울 수도 없다. 나는 속으로 기도한다. '아지메요, 이제 아제 옆에 오셨으니 부디 오순도순 행복하게 사소. 손아래 동서와 아제하고 할머니 자주 만나 옛말 하시며 사소.' 혹한에 경황이 없는지 삼종 조카 질녀들은 이미 장의차에 모두 탑승했다. 그들이 아지메의 고달팠던 인생 노정을 알기나 할까? 묘지를 떠나면서 뒤돌아본다. 겨울은 춥지만 여름은 시원하겠지. 삼수령 동쪽 경사지 태백시립공원묘원에서 한 문중의 흥망사가 무성영화의 필름처럼 스쳐 간다.

세월이 약이라 했던가? 그렇게 아프던 과거도 세월 따라 잊혀져갔다. 학교에서 돌아오니

"큰집 이사 갔다"

고 하여 한 달음에 달려갔던 일이 엊그제인데 손꼽으니 58년 전 이야기이다. 셋째 재종숙은 얼굴마저 가물가물하다. 이승에서 배곯고 사시던 분께서 저승에서나마 행복하시기를 빌어본다.

"형님, 몸이 안 좋니껴? 바람이 차우이더. 빨리 차 타소."

동생이 재촉한다. 함께 간 동생들이 어찌 그 시절 우리 집안의 뼈아픈 과거사를 알 수 있으랴. 세월 가니 아픈 기억도 차츰 잊혀지고, 그 시절 사람들도 하나둘씩 바람처럼 사라져 간다. 백발인 나도 언젠가는 뒤따라 갈 길이다.

"아이고, 오늘 따라 왜 이리 눈물이 나노. 눈에 바람이 들어가서 그런가? 나도 이제 늙기나 했나 보다."

묘지를 되돌아본다. '아지메요, 아제하고 부디 잘 계시소.' 살아생전에 다시 이곳에 올 수 없을 것 같은 야릇한 기분이 든다. 사는 것 별거 아닐세.

뿌리 내림

정원의 가장자리에 심은 마가목이 제법 자랐다. 지난해 겨울 약재로 쓰려고 줄기를 뭉텅 잘라내었는데도 새순을 쑥쑥 밀어 올린다. 밑둥치도 어른 팔뚝만 하니 이제는 나무라 해도 부족함이 없겠다. 떡잎이 겨우 떨어진 어린 것이 바다 건너 산 설고 물 선 땅에 뿌리내리기 위해 얼마나 많은 시련의 시간을 보냈을까? 줄기를 잡고 지그시 힘주어 밀어보아도 끄떡도 하지 않는다. 뿌리가 깊숙이 박힌듯하다. 이 세상 하직하기 전까지는 절대로 제 자리를 뜨지 않겠다는 듯 결연함이 느껴진다. '그래, 걱정 마라. 이제는 너를 다른 곳으로 옮기지 않으마. 나 또한 이곳에서 너와 함께하리니.'

마가목이 이곳에 뿌리내린 사연이다. 몇 해 전 봄 독도 탐방을 위해 울릉도와 독도를 갔을 때이다. 성인봉 등반길에 나리분지에서 일행과 막걸리로 목을 축이며 휴식을 취하고 있는데, 화단 귀퉁이 포트에 싹 틔운 식물이 눈에 들어왔다. 식물에 관심이 많은 나는 호기심이 발동하여 주인에게 이름을 물었다. 울릉도 자생 식물인 마가목이란다. 일년생이고 관광객에게 팔기 위해 키운다고 했다.

한 포기에 천 원씩 두 포기를 사서 배낭에 넣었다. 마가목은 나와 함께 독도에 갔고, 망망대해 동해를 건너 자그마한 화분에 둥지를 튼다. 고향이 나리분지인 어린 생명은 아마 이 시기가 죽음의 터널을 건너던 시간이었던 모양이다. 화분에 심어진 어린 생명은 좀처럼 잘 자라지 않았다. 기후와 풍토가 맞지 않아서인지 거름을 주어도 겨우 목숨만 부지했다. 그런 마가목을 차마 버릴 수 없어 귀촌하면서 들고 와서 현재 위치에 옮겨 심은 것이다. 이제 단단히 뿌리를 내렸으니 많은 씨앗을 퍼트려 자손 번성하고 만세토록 이 땅의 주인이 되기를 기대해 본다.

잘 자라는 마가목을 보고 있노라니 지나간 세월의 단면들이 스친다. 유랑의 나그네로 살아온 반세기, 어디 한 곳에 정들만 하면 떠나야 하는 운명을 역마살 씌었다고 했던가? 남들은 평생 한두 번 이사도 어렵다고 하는데, 나는 누에 똥 갈듯 이사를 했으니 뿌리내릴 겨를도 없었다. 용상동에 뿌리내리려 한 때도 있었다. 아이들 교육 때문이었다. 동생과 함께 지내시던 부모님을 모셔와 맏이 노릇을 하려고도 해 보았다. 정든 시골 옛터를 두고 시내로 오신 부모님도 가뭄에 옮겨 심은 거목이었다. 아무리 물을 주고 거름을 주어도 좀처럼 뿌리 내리지 못하셨다. 화단의 꽃들을 모두 뽑아내고 열무 씨를 뿌리는가 하면, 세탁기 대신 마당의 수돗가에서 빨랫방망이로 빨래를 하셨다. 자식 잘못 둔 탓에 뿌리박고 사시던 고향산천을 등지셨던 아버지와 어머니. 무심한 세월은 속절없이 흘렀다. 이젠 두 분 모두 보내고 자식들마저 둥지 떠난 새가 되었다. 허허로운 빈 곳을 동그마니 아내 혼자 지키는 모습이 가슴 아렸다. 이제 함께 남은 삶을 이어나갈 곳을 찾아야 할 때가 되었다는 감이 온다.

반세기 가까이 몸담았던 직장에서 퇴직했다. 우여곡절 끝에 내 유년의 꿈 터 고향으로 귀촌했다. '호마는 북풍이 불면 귀를 북쪽으로 세워 듣고, 월조는 남쪽으로 난 가지에 둥지를 튼다胡馬依北風 越鳥巢南枝'고 했다. 회귀본능은 이들에게만 있는 것은 아니다. 연어도 자신이 태어난 모천으로 돌아와 알을 낳고 생을 마친다. 어쩌면 나도 연어의 귀향 같은 원초적 회귀 본능이 작용했는지도 모른다. 평생을 고향에 뿌리내리고 사시던 부모님은 먼 길 떠나신 후 선산에 모셨다. 마음이 허전하거나 그리울 땐 가끔 산소를 찾는다.

귀향한 지 5년이 속절없이 흘렀다. 그동안 가꾸고 닦은 삶의 터전이 조금씩 다져지는 듯하다. 도시에서 자란 아내는 시골 생활에 적응이 되지 않아 무척 힘들어했다. 세월은 인간을 환경에 적응시키는 마술사다. 아내도 완전한 시골 아낙의 모습은 아닐지라도 조금씩 그들을 닮아간다. 정지용이 읊은 '옛이야기 지줄 대는 실개천도, 금빛 게으른 울음 해설피 울던 얼룩빼기 황소'도 사라진 고향이지만, 마음 푸근하게 하는 흙 내음과 가을 들판을 금빛 물결로 일렁이게 하는 바람은 아직도 설레게 한다. 월조와 호마가 고향 그리워하듯, 흙에서 자란 촌놈은 어쩔 수 없는 모양이다.

성인봉 자락 나리분지에서 태어나 정원 가장자리에 뿌리 내린 마가목이 대견하여 줄기를 어루만져 본다. 미끈하고 서늘한 감촉이 손바닥을 타고 전신에 흐른다. 약재로 쓴다고 줄기를 자른 일이 미안하기도 하다.

내 뿌리 내림은 마가목 정도는 될까? 손바닥만 한 채소밭과 집 주위의 정원수가 제법 어우러지는 모습이 정겹다. 달콤한 오디 열매를 선사해 준 뽕나무와 새콤달콤한 먹거리로 혀를 즐겁게 해 준 블루베리, 안토시아닌이 블루베리의 여덟 배가 넘는다는 아로니아가 시야에 들어온다. 내가 나고 자란 고향에 돌아온 뿌리내림이다. '호랑이는 죽으면 가죽을 남기고, 사람은 죽으면 이름을 남긴다虎死留皮 人死留名'는 말이 떠오른다. 돌아온 고향에서 출발하는 여생, 좋은 이름 남기며 흙으로 돌아가기를 기원해 본다. 손목을 타고 전해오는 마가목의 나직한 응원이 마음을 더욱 차분하게 하는 날이다.

사색하는 들풀

들풀이 사색에 잠겼습니다. 가을걷이 끝난 들판은 이제 녹색도 황금빛도 아닙니다. 칙칙한 잿빛이거나 빛바랜 회색에 가깝습니다. 새벽녘 무서리 내린 자리가 햇살에 마르자 축 늘어졌던 풀잎이 바람에 일렁입니다. 참선에 든 스님이 무아 삼매경을 헤메는 모습입니다. 누더기 잿빛 승복 차림의 운수납자. 생각의 끈을 잡고 구만리 장천 높이 올라 사바세계를 굽어보고 계시는지, 억겁 인연의 끈에 이끌려 삼세를 오가고 있는지 모를 일입니다. 머지않아 된서리 내리고 세찬 바람 몰아치면 티끌로 흩어질 몸이지만 늘 그 자리를 지키고 앉아 득도의 날을 기다리는 듯합니다.

밭두렁에 엉덩이를 대고 주저앉았습니다. 손으로 풀잎을 가만히 어루만집니다. 풀잎의 나지막한 이야기가 손끝을 타고 전해집니다.

"저는 밭 가장자리 척박하고 후미진 이곳에서 운 좋게 싹을 틔웠습니다. 함께 얼굴을 내민 친구들과 서로 뒤질세라 몸집을 불려 영역을 넓혔지요. 메말라가는 땅속 깊숙이 뿌리를 디밀어 물을 마시고, 태양을 삼키기 위해 허공으로 몸을 밀어 올리기에 시간가는 줄도 몰랐습니다. 그러던 어느 날 날벼락이 떨어졌습니다. 농부가 제초제를 뿌린 겁니다. 모두가 순식간에 세상과 이별을 고했지요. 농약을 마셨지만 요행으로 생명을 건졌습니다. 만신창이가 된 몸을 추스르며 기운을 차리고 꽃을 피울 즈음, 예치기의 날카로운 날에 몸뚱이 대부분이 날아갔습니다. 이미 선선한 가을바람이 불고 아침에는 찬 이슬이 내렸습니다. 그렇지만 제게는 운명적으로 종족의 씨를 퍼뜨려야 할 막중한 의무가 있기에 어떤 경우에도 삶을 포기할 수는 없었습니다. 혼신의 힘으로 잎을 밀어 올리고 꽃대를 올려 늦은 가을 드디어 꽃을 피웠습니다. 이제 내년을 기약하는 생명을 퍼트렸으니 남은 소원도 맺힌 한도 없습니다."

예치기 날이 지나간 자리를 더듬어 보았습니다. 넓고도 깊게 팬 생체기 속을 비집고 터져 나온 말라비틀어진 줄기가 가엽습니다. 점점 사그라지는 들풀을 보면서 세상을 살아가는 무수한 생명체의 빛과 그림자를 떠올립니다. 상처받지 않고 살아가는 생명체가 어디 있을까요?

들풀처럼 살아온 세월이었습니다. 비 오면 비에 젖고, 바람 불면 바람에 몸을 맡긴 채 누웠다 일어나기를 수없이 반복했습니다. 척박한 환경에서 태어나 들풀처럼 살아온 이야기를 늘어놓으면 끝도 없을 겁니다. 반짝하고 해 뜨는 날도 있었지만 흐리고 바람 부는 날, 비 내리고 눈 내리는 날이 더 많았습니다. 탄탄대로보다 꼬불꼬불한 오솔길, 비탈지고 가파른 언덕길을 숨차게 달려온 나날이었습니다. 산골짝 이름 없는 묘역에도 이유 없는 무덤은 없을 것입니다. 그 무덤 하나하나에 묻힌 갑남을녀의 이야기만 해도 많겠지요. 그들이 살아온 이야기가 바람결에 스쳐 지나갔듯, 내가 살아온 이야기도 흐르는 세월 속에서 바람과 함께 흔적 없이 사라지겠지요.

죽으면 세상의 종말이 올 것 같지만 그렇지 않습니다. 아침이면 동쪽에서 태양이 불끈 솟고 저녁이면 낙조를 남긴 체 하루를 마무리하게 됩니다. 태어나서 병들고 늙다가 죽는다는 것은 자연의 이치입니다. 한 생명체가 숨을 거두는 순간에도 무수한 생명체가 태어납니다. 무소유를 설파하던 법정 스님이 어느 날 바람처럼 사라졌습니다. 그 또한 바람 부는 언덕을 살아온 한 떨기 들꽃이었습니다. 유한한 생명체와 무한한 우주의 시간을 더듬어 봅니다. 세월은 무심히 흐르는 강물입니다.

'흔들리지 않고 피는 꽃이 어디 있으랴'하는 도통한 시인의 말에서 흔들림과 꽃의 관계를 생각해 봅니다. 흔드는 것은 언제나 비나 바람 그리고 동물이지요. 산이나 들에 뿌리내린 생명체라면 흔들리지 않고 자랄 수 있는 생명체는 그 어디에도 없습니다. 인간도 마찬가지지요. 꽃이 자랄 곳을 선택할 여지가 없는 것처럼 인간 또한 운명적으로 환경이 결정됩니다. 꽃이 여러 이유로 흔들리며 자라듯 인간도 숱한 좌절과 고통, 외로움을 겪으며 살아갑니다. 흔들리며 자신의 영역을 지켜낸 식물이라야 아름다운 꽃을 피우듯, 사람도 마찬가지입니다. 사색하는 들풀의 움직임 속에는 흔들리며 살아온 너와 내가 있습니다. 차가운 바람에 옷깃을 여밉니다. 참선에 든 들풀이 바람 부는 대로 나부낍니다.

들풀은 압니다. 바람에 흩날리는 빛바랜 옷도 앙상하게 남은 말라비틀어진 줄기도 사그라지리라는 것을요. 곧 매서운 눈보라가 치겠지요. 들판은 언제 그랬냐는 듯 말이 없고 가끔 지나가는 바람도 무심히 스쳐 지나겠지요. 돌아보니 살아온 날이 까마득합니다. 좋은 시절 만나면 퍼트린 씨앗도 싹트겠지요. 그들이 언감생심 기름진 옥토에서 자라기는 꿈도 꾸지 않습니다. 싹틔워 꽃 피우고 열매 맺을 수 있는 곳이면 어디든 상관없겠지요. 사명을 마치고 조용히 생을 마감하는 들풀을 보며 마음을 가다듬어 봅니다. 움츠려지는 어깨를 펴 사색하는 들풀을 뒤돌아봅니다.

사람의 도리

오늘 내 생일이다. 어렸을 때 나는 몇 시에, 언제 태어났는지 어머님께 여쭈어본 일이 있다.

“아이고 야야 말도 마라. 밤새도록 산통에 시달리다가 니를 낳고 정신을 차려보니 문틈으로 해가 쏘옥 드로드라. 그래서 날 샌 줄 알았제.”

어머님이 나를 낳으실 때 산고를 생각하며 이른 아침에 부모님 산소를 찾았다. 집에서 가까운 산소는 마을 언덕 양지바른 곳이다. 11월 초순이지만 해뜨기 전이어서 손끝이 시리다. 벌초가 잘된 산소 잔디에 서릿발이 뽀얗게 내려 발이 매끌매끌하다. 여기저기 굴뚝에서 연기가 모락모락 솟아오른다. 군불 지피는가 보다. 이윽고 동녘 하늘을 붉게 물들이며 태양이 솟아오른다. 찬연한 아침 햇살을 받으며 감사의 인사를 드렸다. 나를 이 세상에 태어나게 하셔서 고맙다는 마음을 담았다.

아내가 차려 준 생일상 미역국을 먹으며 한마디 했다.

“미역국은 내가 먹는 게 아니고 어메가 자셔야 되는 게 아닌가?”

“마, 됐니더. 생일이면 누구나 미역국 먹는 관습이 있다. 생일을 맞이하여 미역국을 먹으면서 자식 낳느라고 애쓰신 어머니 은혜 잊지 말라카능거 아이겠능교.”

듣고 보니 그럴듯한 말이다. 아이들과는 앞당겨 생일 턱을 먹었고, 한마을에 사는 동생 내외는 1박 2일 놀러 가서 아내와 마주한 단출한 생일상이 되었다.

밥상을 물리고 어머니와의 추억을 되돌아본다. 불쑥 양심이란 말이 떠올랐다. 어렸을 때 우리 집은 조부모님, 부모님, 숙부님들과 한집에서 살아가는 대가족이었다. 조부모와 부모님은 늘 귀에 딱지가 앉도록

'사람의 도리'를 강조하셨다. 사람이 사람답게 살아가지 못하면 개, 돼지만도 못하다. 인간 됨됨이가 되지 않은 놈은 밥 먹을 자격도 없다. 옳은 일을 위해서라면 목숨을 내놓더라도 물러서면 안 된다. 사람의 도리가 무엇인지 많은 것을 생각하게 하셨다. 코흘리개인 나는 그 '사람의 도리'가 뭔지 아무리 생각해도 알 수가 없어 나물 다듬고 계시는 어머니께 여쭈었다.

"어메, 사람의 도리가 뭔고? 나는 아무리 생각해도 뭔지 알 수가 없네."

"사람답게 사는 거란다."

"어떻게 살아야 사람답게 사는 건고?"

"니 나쁜 짓 하면 가슴이 두근거리고 혹시 누가 야단칠까 봐 겁나지?"

"응"

"그게 바로 양심이란다. 사람 마음속에는 양심이라는 게 있는데 바른 일을 하면 아무런 거리낌이 없고 옳찮은 일을 하면 양심의 가책을 받아서 가슴이 두근거리고 어른들이 야단칠까 봐 겁나는 것 봐라, 그 양심에 어긋나지 않게 사는 게 바로 사람답게 사는 거란다."

나는 양심이 뭔지 확실히 깨닫지는 못했지만 그때까지의 경험에 비추어 어렴풋이 양심의 참모습을 더듬을 수 있었다. 그 후 나는 그 양심에 찔리지 않으려 노력하며 살아왔다. 그렇지만 욕심 때문에 혹은 살기 위해 어쩔 수 없이 양심을 버린 일이 한두 번이 아니다. 조부나 부모님이 아신다면 '사람의 도리'도 모르고 살아 온 놈이라고 얼마나 꾸중하셨을까?

사람은 태어나서 가정을 꾸리고 숱한 인간관계 속에서 살다가 늙고 병들며 죽어간다. 이것은 거스를 수 없는 자연의 섭리다. 이 섭리를 따라 '사람의 도리'를 다하고 산다는 것은 여간 어려운 일이 아니다. 공자님께 자공이 당신 같은 분이 군자가 아니냐고 물었을 때, 공자는 단호하게 '나는 군자가 아니다. 다만 군자가 되려고 노력하는 사람 중 하나일 뿐'이라고 했듯이, 어쩌면 우리는 '사람의 도리'를 다하려고 노력하는 사람 중 하나일 뿐이 아닐까?

'사람의 도리'를 양심이라고 하신 어머니는 예천군 호명면 범우리 갯가에서 인동장씨 집안 외딸로 태어나셨다. 소학교 졸업 후 아녀자가 익혀야 할 길쌈과 의복 만들기, 음식 조리와 붓글씨 등을 두루 익히셨다. 동네의 혼사가 있으면 어머니는 바쁘셨다. 사돈지를 읽어드리고 혼주 이야기를 듣고 살을 붙여 붓으로 구구절절 심금을 울리는 글을 내방가사처럼 두루마리로 써드렸다. 어떤 날은 가끔 긴긴 겨울밤 호롱불 아래서 시어머니께 '내방가사'나 '한양가', '적벽부' 등을 읽어드렸다. 할머니는 손수건으로 눈물을 찍으시며

"아이고, 원씨야! 불쌍키도 해라. 그래 가주고 어얏꼬."

를 연발하셨다. 어머니는 큰집 맏며느리로서 맡은 바 책임과 도리를 다하려고 최선을 다하셨다. 부지런하셨고 양심에 거리낄 일은 않으셨다. 남에게는 관대하였지만 자신에게는 엄격하셨으며, 자식들이 잘못을 저지르면 호되게 나무라신 다음 눈물이 쏘옥 빠지도록 조곤조곤 타이르셨다.

양심에 따라 '사람의 도리'를 다하려고 애쓰시던 어머니가 돌아가신 지 벌써 13년이 지났다. 한 집안의 안주인이자 팔남매의 어머니요, 엄

한 시어른의 며느리이시며 손아래 시동생의 형수이기도 하셨던 어머니, 우리 팔남매 안고 업어 키우시느라 겪으신 고초는 비길 데 없다. 뿐만 아니라 '사람의 도리'를 다하려고 고생도 많이 하셨다.

어머니 생각에서 벗어나 자신을 가만히 생각해 본다. 집안의 맏형으로, 두 아들의 아버지로, 한 여인의 지아비로 부끄럽지는 않았는가? 거미줄 같은 관계 속에서 '사람의 도리'를 다하려고 얼마나 애썼던가? 사람답게 산다는 게 쉬운 일이 아님을 뼈저리게 느낀다.

미역국

오늘이 음력 시월 보름 내 생일이다. 아침에 아내가 끓여준 미역국을 먹었다. 생일 때면 항상 미역국을 먹는다. 나는 미역국을 좋아한다. 먹을 때 부드러워 좋고, 먹고 나서 속이 편한 데다 건강에도 좋다고 하니 더욱더 그렇다. 미역에는 칼슘과 요오드가 많아 피를 맑게 하여 혈액순환을 촉진하는 효과가 있다. 그뿐만 아니라 항암작용과 피부미용, 위 건강, 부종 완화와 혈압 및 콜레스테롤 수치 상승을 억제하는 데 효과가 있는 것으로 알려졌다.

미역국 먹을 때면 어머니가 생각난다. 어머니는 미역국에 대한 애증이 남다르셨다. 큰 누님과 둘째 누님을 낳으셨을 때는 미역국을 잡수셨는데, 셋째 누님을 낳으시자 미역국도 없더란다. 남아 선호 사상이 심했던 시대에 딸만 낳는다며 얼마나 구박을 받았으랴. 나를 낳고도 마찬가지였는데 이때는 정말 돈도 없고 산모 뒷바라지할 사람도 없어서 그렇게 되었단다.

"야야, 니 낳고도 미역국은커녕 따신 물 한 모금도 못 얻어먹었다."

전쟁으로 양식도 인민군들에게 다 빼앗겨 버리고 아버지는 군대에 가셨다. 남편의 생사조차 알 수 없는 상황에서 출산을 하였으니 어떠했으랴. 그런 상황에서도 애지중지 키워주신 어머니께 감사드린다.

우리 집은 6.25 때 아버지를 비롯한 작은아버지와 셋째 삼촌까지 국군으로 징집되어 전쟁터에 나가셨다. 동네에서 함께 군에 간 사람은 대부분 죽거나 행방불명되었다. 그렇지만 하늘이 도왔는지 아버지 형제 세 분은 무사히 휴전 후 제대하셨다. 당시 모두가 '조상이 솔밭에 들었다'며 부러워했단다. 어쨌든 전쟁에 미역국은 못 잡수셨지만 아버지가 무사히 귀환하시니 마음 응어리가 확 풀리더란다.

어머니는 여덟 명의 자녀를 출산하셨다. 요즈음 같으면 상상도 못 할 일이다. 우리 팔 남매는 모두 무사히 장성하여 가정을 이루었으니 이 또한 하늘이 내린 복이다. 십여 년 전 우리는 부모님 혼인 60주년을 맞아 회혼례를 해 드렸다. 이는 혼례를 올린 후 60주년이 될 때, 자식들이 부모님께 다시 혼례를 올려드리는 풍습인데 조건이 맞아야 한다. 즉 부모보다 먼저 죽은 자식이 없어야 한다. 자식들이 모두 가정을 이루고 자녀를 두어야 한다. 또 손자 손녀들조차 자식들이 미리 죽은 경우는 할 수 없다는 것이 회혼례다. 남녀가 혼례를 올리고 한 갑자를 함께 산다는 것도 어렵다. 더구나 그 자녀들까지 합당한 조건을 갖춘다는 것은 실로 극히 드문 일이다. 우리 팔 남매가 낳은 자식만 해도 수십 명이 넘는다. 그런데 종반이나 일가친척, 친지들까지 모여 회혼례를 올렸으니 대성황이었다.

산모가 미역국 먹는 풍습은 어제오늘의 일이 아닌 듯하다. 조선 시대에도 '산모가 첫국밥을 먹기 전에 산모 방의 남서쪽을 깨끗이 치운 뒤, 쌀밥과 미역국 세 그릇을 장만해서 삼신상을 차려 바쳤다. 여기에 놓았던 밥과 국을 산모가 모두 먹었다'는 기록이 있다. 요즈음은 산모뿐만 아니라 남편과 자녀가 함께 미역국을 먹는다. 이는 출산을 축하하는 가족 공동체의 마음이 담겨 있다. 특히 성장한 자녀가 자신의 생일을 기념하여 먹는 미역국은 임신 출산 양육으로 고생한 어머니의 은혜를 잊지 않으려 우러르는 경의와 감사의 표현이라 하겠다.

우리가 흔히 쓰는 '미역국 먹었다'라는 말이 있다. 시험에서 낙방하거나 탈락했다는 의미이다. 이 말은 구한말 일제에 의해 조선 군대가 강제로 해산되었을 때 그 해산解散이라는 말이, 아이를 낳는다는 해산

解産과 말소리가 같다는 데서 비롯된 말이라고 한다. 또는 미역의 촉감이 미끄러워 길 가다가 미끄러져 낙상한다는 의미로 미역국이 시험 낙방을 연상시킨다는 해석도 있다.

미역국에 대한 내 느낌은 긍정적이다. 생일 아닐 때도 미역국을 자주 먹는다. 내가 미역국을 좋아하는 것을 아는 아내는 해외여행 등으로 오래 집을 비울 일이 있으면 미역국을 한 솥 끓여 둔다.

미역국을 먹을 때면 어머니가 보고 싶다. 한평생 호강보다는 근심 걱정으로 살다 가신 어머니. 가지 많은 나무에 바람 잘 날 없는 법, 팔 남매만 해도 그런데 문중 대소사로 태산 같던 일거리며 가세 기울어진 친정 걱정으로 날밤을 새우시던 어머니, 동지를 향해 달리는 매서운 바람 끝에 어머님을 기리는 마음을 띄워 보낸다.

'어메, 하늘에서 미역국 맛있게 드시고 아베하고 정 나누며 즐거운 날 보내시게.' 꿈속에서라도 자주 보고 싶은 얼굴이다. '나무가 고요하려 하나 바람이 그냥 두지 않고, 자식이 부모를 봉양하고자 하나 어버이 기다려주지 않더라.'는 말이 오늘따라 가슴을 찌른다.

무덤 메우기

"자세한 건 주의 깊게 관찰해야 알겠지만, 당뇨망막증 초기 증상으로 추정됩니다. 엄격한 혈당 조절이 필요합니다. 다른 신체 합병증 가능성도 있으니, 이 쪽지를 약 받으러 가실 때 주치의께 전해 주세요."

안저 검사를 했습니다. 아내가 눈에 무슨 이상이 있는지 눈이 자꾸 찝찝하다고 하면서 안과에 간다고 해서 함께 갔습니다. 온 김에 안저 검사를 한번 받아보라고 합니다. 당뇨병이 있는 사람은 가끔 안저 검사를 해야 합니다. 당뇨합병증으로 발생할 수 있는 안과 질환을 초기에 발견하기 위함입니다. 지난해 가을 안저 검사를 받았습니다. 산소에서 벌초하다가 눈에 흙이 튀어 안과 치료를 받으러 갔을 때입니다. 겸사겸사 검사했으니 일 년이 다 되어 가는군요. 그때는 안구에 황반변성 증상이 보이니 혈당 관리에 신경을 좀 써야겠다는 말만 들었습니다.

당뇨망막증 초기 증상은 충격적입니다. 당뇨 합병증으로 망막의 미세혈관이 손상되었을 때에 나타나는 병입니다. 당뇨 합병증 중에서 당뇨병성 신경증, 당뇨병성 신증과 함께 가장 무서운 질병이 바로 당뇨망막증입니다.

"통계적으로 살피면 실명 원인으로 높은 비중을 차지하고 있습니다. 초기에는 망막병증이 있어도 별다른 증상이 없기 때문에 정기적인 진찰이 중요합니다. 처방대로 약을 드시고 한 달 뒤 다시 오세요."

자꾸 물으니까 의사가 귀찮은 기색입니다. 의사도 같은 말 앵무새처럼 들으면 지겹기도 하겠지요.

절로 한숨이 나옵니다. 이런 결과를 초래한 자신이 너무 미욱합니다. 남들처럼 혈당 관리를 엄격히 했으면 이 지경에 이르지는 않았을 터입니다. '자기 요령 자기 하기'인데 누구를 탓하겠어요? 당뇨병으로 발전될 가능성이 있다는 것을 안 때는 80년대 중반입니다. 당시 나는 테니스에 거의 미쳐 있었습니다. 이른 새벽 동틀 무렵이면 어김없이 테니스장으로 향했습니다. 구장 쉼터에서 몸풀기를 하는데 시 보건소에 다니는 권 선배가 자그마한 종이 스틱을 꺼내서 일장 연설을 했습니다.

"오늘은 테니스를 하기 전에 건강을 위하여 간이 당뇨 검사를 할 터이니, 이 스틱을 받아 화장실에 가서 소변을 묻혀 오소. 그라먼 내가 판정해 드림시더."

모두 소변 묻은 스틱을 내 밀었습니다. 스틱을 전부 확인한 한 선배는 나와 옆의 다른 형에게 당뇨일 가능성이 있으니 병원에 가서 정밀 진단을 받아보라는 것이었습니다. 그때는 그냥 웃고 넘겼습니다. '설마 내게 그런 일이 있을 리가 있겠나.'하고요.

그런 일이 있은 후에도 나는 그 일은 까맣게 잊고 거의 매일 과음과 과로, 불규칙한 생활에 과도한 스트레스로 몸을 혹사했습니다. 소위 어느 직장에서나 총대 메는 일꾼으로 통했기 때문입니다. 그 후 건강 검진에서 재검 판정을 받았습니다. 당뇨 증상으로 정밀 검사를 받으라는 것이었습니다. 재검 결과 통보가 왔습니다. 당뇨로 발전 가능성이 있으니 규칙적인 생활과 엄격한 혈당 관리를 요구하는 내용이었습니다. 나는 또다시 귓전으로 흘렸습니다. 직장에서 꺼리는 중요한 직책을 두루 거치면서 혈당치가 점차 높아졌습니다. 그런 일이 있은 지 몇 년 후 더 이상 견딜 수 없어 결국 당뇨약을 먹게 되었습니다.

'미련 곰탱이 같은 놈' 스스로를 책망해도 이젠 소용이 없습니다. 앞서 몇 차례 경고를 받았음에도 생활 패턴을 바꾸지 못했습니다. 이래서는 안 된다는 것을 알면서도 스스로 제 무덤을 판 꼴입니다. 천성이 인정에 약하고 사람 사귀기를 좋아하다 보니 남과 어울리게 되고, 그런 자리마다 술판이 벌어집니다. 어느 날 아내가 내게 말했습니다.

"당신 아는 사람 만나면 첫 번째 인사가 뭔지 알아요? 아직도 술 그렇게 많이 마시니껴? 카니더."

돌이켜 보니 즐겁고 좋은 기억도 많고 회한이 남는 일도 많습니다. 퇴근길 목구멍에 걸린 분필 가루 씻어낸다며 목로주점에서 마신 막걸리가 한 집 건너 소주가 되고, 시간이 흐르면 생맥줏집이 되었던 시절이 있었습니다. 출근할 때에는 '오늘은 땡 하면 뒤도 돌아보지 않고 집으로 와야지' 하던 결심이 퇴근 무렵이면 눈 녹듯 사라져서 같은 일이 반복되었습니다.

반세기 넘게 생의 반려자였던 술과 헤어졌습니다. 호미로 막을 수 있던 일을 불도저로 막을 형편이 되었지만, 지금이라도 늦지 않았다는 생각입니다. 여러 차례의 경고와 자각 증상에도 불구하고 스스로 키운 병이니 스스로 아물게 해야 합니다. 지나침은 모자람만 못하다는 것을 뼈저리게 느꼈으면서도, 실천하지 못한 우유부단이 한스럽습니다. 호랑이에게 물려가도 정신만 바짝 차리면 살아날 구멍이 있다고 했던가요? 이제까지 스스로 파 놓은 무덤을 메우고 있습니다. 파 놓은 무덤이 얼마나 깊은지 메워도 표시가 잘 나지 않습니다. 쉬엄쉬엄 메우다 보면 언젠가는 바닥이 보이겠지요.

어른의 시간

집안 어른들의 성화에 못 이겨 승낙한 도산서원 재 유사를 얼마 전 마쳤다. 짐을 벗으니 홀가분하다. 그런데 이건 또 무슨 날벼락인가? 연이어 작산정사와 기곡재사 유사 임명장을 보내왔다. 어디 그 뿐이랴, 화수회 총무까지 맡으란다.

"나도 다 겪은 일이다. 어른 되는 게 쉬운 게 아니데이."

화수회 회장님이 농담 반 진담 반 지나가는 말처럼 흘리신다. 이제 나이도 먹을 만큼 먹었고, 시간도 나니 나잇값으로 문중 일 하란 말이다. 아하, 나이 들면 이런 일거리로 소일하며 늙어가게 되는구나. 미리 퇴직한 선배가 하던 말이 불현듯 스친다.

"조심해라. 자칫하면 백수가 과로사 한다."

어쩌겠는가? 기왕지사 하는 일 기분 좋게 하자. 생각을 바꾸니 마음이 한결 편안해진다.

날이 더워 점심 먹고 한잠 자려는데 대구 종제가 찾아왔다. 자리에 앉기도 전에 숙모 걱정을 늘어놓는다. 얼마 전 아제 돌아가시고 혼자 이웃에 사시는데 치매가 점점 심해진다. 나와 아내가 가끔 들러 보지만 마음만 무겁다. 종제도 허리가 좋지 않아 병원을 제 집 드나들 듯 하고 있는데, 숙모까지 증세가 악화되니 엎친 데 덮친 격이다. 그렇다고 부모 봉양하러 당장 생업을 팽개치고 올 수도 없으니 진퇴양난이다.

"형님, 우짜몬 좋을리껴?"

"글쎄다. 낸들 뾰족한 방책이 있나. 내가 모시고 살 수도 없고. 딱히 방도가 없으면 인근에 있는 요양원을 고려해 보는 것도 어떨로?"

이런저런 걱정을 하는 차에 둘째 동생이 불쑥 나타났다. 며느리가 출산했단다. 이름 좀 지어 달라고 한다.

"암만, 당연히 그래야지. 지어주고말고. 여부가 있나."

동생이 할아버지가 되었다는 소식에 숙모 치매 걱정으로 가라앉았던 분위기가 반전되었다. 살다 보니 머리 아픈 날도 있지만 이런 좋은 날도 있구나 싶어, 아내에게 술상을 보라 했다.

퇴직하고 꿈에 그리던 고향에 반세기를 지나 귀향했다. 고향에 대한 아련한 향수가 없는 이 어디 있을까? 유행가 '고향에 돌아와도 그리던 고향은 아니 러뇨…'라는 노래처럼, '두견화 피는 언덕에 누워 풀피리 맞춰 불던 옛 동무도, 흰 구름 종달새에 그려보던 청운의 꿈'도 다 사라져 버린 고향이다. 그래도 고향은 좋은 곳이다. 어릴 때 뛰놀던 산천도 변했고, 정겹던 이웃 어른들도 대부분 돌아가신 고향이다. 그렇지만 선산이 있고 이웃사촌과 피붙이가 있어 편안하다. 노후에 이렇듯 유유자적하며 여생을 보낼 수 있는 곳도 고향 아니면 꿈을 꿀 수 없으리라.

귀향은 숙명적이었다. 고향을 지키던 동생이 도저히 버틸 수 없어 도회로 나갔다. 시골집이다 보니 팔리지 않았다. 남의 손에 넘어가는 게 아쉬웠던지 문중에서 내게 권했다. 퇴직도 얼마 안 남았고, 집안 주손이며 선산도 지켜야 하니 맡으라고 했다. 나야 그렇지만 아내는 내키지 않아 했다. 마음을 굳히고 아내를 설득했다.

대문 부근 자연석에다 '와룡산방'이라 새겼다. 십여 년 전 만든 내 홈페이지 이름이다. 어릴 때 늘 보아왔던 와룡산의 장엄한 자태가 떠올라 '와룡산방'이라 한 것이다. 인연이 되려니 와룡산 자락에 둥지를 틀게 되어 그 이름을 그대로 쓰게 된 것이다. '와룡산방'은 그야말로 조그만 촌집이다. 한옥을 대충 뜯어고쳐 서재와 거실 그리고 침실로 쓰고 있다. 서재 창문을 열면 솔숲에 이는 솔바람 소리가 몰려와 감성을 자극한다.

얼마 전 함께 근무했던 지인들이 찾아왔다. 어찌 지내는지 보고 싶어서 왔단다. 이제 공직에서 물러나 초야에 칩거하는 하잘것없는 촌부를 찾아주니 고마운 일이다. 뽕나무 그늘 자연석에 둘러앉아 함께 근무하였던 시절의 추억을 회상하며 막걸릿잔을 기울였다. 내가 웃으면서 그때 그 시절이 꽃방석이었다고 했더니, 모두 따라서 한마디씩 했다. 신명 나고 즐거운 나날이었노라고.

그들이 떠난 뒤 달빛 내린 반석에 앉아 생각에 잠겼다. 외길 인생을 걸어오며 희로애락을 함께한 얼굴들이 무성영화의 한 장면처럼 스친다. 불귀의 길을 떠난 이, 오래도록 소식조차 알 길 없는 이들이 그립다. 덧없이 흘러가는 무정한 세월이라 하지 않는가? 기다려주지 않는 세월에 휩쓸려 만남을 기약할 수도 없는 이들. 가끔 서로의 안부라도 주고받을 수 있다면 그나마 위안이 될 것이라는 생각에 잠겨본다.

요즈음 만나는 이마다 얼굴이 참 편안해 보인다고 한다. 위로인지 아첨(?)인지는 모르겠으나 듣기 싫지는 않다. 모든 걸 내려놓고 편안한 마음으로 살아가니 편안해 보일 수밖에 더 있겠는가. 지난해 '농업회사법인 ㈜신농'을 만들었다. 돈 벌기 위해서가 아니다. 농촌에서 땀 흘려 가꾼 농산물이 헐값에 팔리는 모습을 지켜보다 한 결심이다. 우리 동네 농산물 제값 받고 팔아주기가 목적이다.

내가 어른다운 일을 하며 살 수 있는 시간, 허락된 그 시간이 얼마인지 모른다. 아마 살아 온 날보다는 길지 않으리란 건 확실하다. 세월의 빠르기가 20대는 20㎞, 60대는 60㎞라는 말이 있다. 그 말을 절감한다. 그러나 나에게 주어진 황금 같은 시간을 소중히 갈무리하며 한 걸음 또 의미 있게 살아가리라. 그 길만이 이제까지 나를 있게 한 사회에 대한 보답이 되기도 할 것이다. 아직 어른이라 부르기엔 부끄러운 나이지만 어른답게 늙어가고 싶다. 솔숲 사이 저무는 해가 아름답다. 신 김치에 시원한 막걸리 한 잔이 생각나는 날이다.

사색하는 들풀

앞산을 오르다

앞산에 올랐다. 칠십 년 대, 대구에 살면서 한 번도 오른 적이 없던 산이다. 그만큼 뒤돌아볼 마음의 여유가 없었던 때였기도 했지만, 변변한 등산로도 없었기 때문이기도 하다. 세월이 흘러 그 뒤에도 앞산에 오를 기회가 여러 번 있었다. 그러나 그때마다 인근 식당에서 풍성한 말 잔치와 음주로 막을 내렸다.

이번 등산 구성원은 약 사십 년 동안 매월 한 번씩 만나는 계원들이다. 한 친구가 안동에 살다가 대구로 이사를 했다. 모임 때마다 이 친구가 안동으로 오는 게 미안하니 우리가 한 번쯤은 대구로 가는 것도 어떠냐 해서 앞산으로 오게 되었다. 늦은 밤부터 진눈깨비가 뿌려 걱정했는데 아침에 문을 열어보니 빙판길이다. 인생길 가다 보면 중도 보고 소도 본다고 어디 수월한 길만 있겠는가. 살얼음판 걷듯 조심스럽게 운전하여 목적지인 앞산 주차장에 닿았다. 차에서 내리자 눌러쓴 모자가 벗겨진다. 스치는 칼바람에 눈물이 나서 선글라스를 쓴다. 나이와 건강을 고려해서 코스를 잡은 친구의 깊은 마음이 읽힌다.

강풍 속에서 단단히 복장을 점검하고 비탈길을 천천히 오른다. 우리 일행 이외에는 인적이 없다. 오늘은 평일 오전으로 직장인이라면 한참 일에 열중해 있을 시간이다. 백수 아니면 이런 곳에 어정거릴 사람은 없다. 더구나 오늘 같은 날씨에 누가 특별한 약속이 없는 한 나오겠는가?

낙동강 전투 전승기념관에서 민족의 슬픈 역사를 본다. 이념이 뭔지 무수한 생명을 앗아간 동족상잔의 비극 앞에서 모두가 숙연해진다. 나는 전쟁 중에 태어났기에 전쟁의 참상은 모른다. 그러나 전후 미국에서 보낸 옥수숫가루로 쑨 강냉이죽과 분유는 기억한다. 헐벗고 굶주리던 시절이었다. 요즈음 젊은이들에게 당시 상황을 아무리 설명해 본들 공감할 수 있으랴? 자녀 교육은 유대인들처럼 시켜야 하는데 우리는 그러지 못했다. 오로지 너도나도 내 자식만은 나처럼 살게 하지는 않겠다는 익애가 문제였다. 가르치는 것에만 열정을 쏟았지 무엇을 왜, 어떻게 가르칠 것인가에 대한 치열한 고민이 없었다. 그 결과 우리 자식들과 손자들은 6 · 25가 까마득한 남의 나라 이야기로만 들리게 된 것이 아니겠는가.

케이블카도 일행이 전세다. 출발지인 전승기념관 부근이 점점 작게 보인다. 빼곡히 들어선 잡목 사이로 소나무가 드문드문 흔들린다. 멀리 대구 시가지가 미술 시간 도화지에 다닥다닥 쌓아 올린 조형물처럼 다가온다. 맑은 하늘 케이블카에 부딪혀 미끄러지는 바람 소리며 흔들리는 나목들이 조화롭다. 산 정상을 향해 오르는 케이블카의 미끄러짐에 기분이 묘하다. 모두가 분주하게 생업을 이어가는 주중, 한가롭게 일상에서 탈출한 내 모습을 들여다본다. 쓸모없는 퇴물이란 생각에까지 이르자 왠지 모를 서글픔이 밀려든다.

약 7부 능선쯤이 케이블카 종점인 것 같으며 정상까지는 약 1.2㎞이다. 그리 길지 않은 거리지만 가파른 길로 인해 곧장 숨이 차는 듯하다. 칼바람이 사정없이 뺨을 때린다. 콧날이 시큰거리고 입이 얼어 말이 잘 나오지 않는다. 참기 어려운 극한 상황을 버티며 에베레스트를 오르는 산악인들의 모습을 떠올려 본다. 그들에 비한다면 아무것도 아니다. 끝없이 이어지는 것이 인생길이라 했던가? 죽는 날까지 우리는 굽이굽이 펼쳐진 아득한 그 길을 구도자처럼 가야만 한다. 길고 긴 오르막이 있으면 여유로운 내리막이 있다. 타는 목마름이 있으면 한 모금 감로수가 있게 마련인 것이 인생의 철칙이다. 지금 앞산 정상을 눈앞에 둔 나는 내 인생길 어디쯤을 가고 있는 것일까?

드디어 정상이다. 선글라스를 꼈지만 스며드는 세찬 바람으로 눈을 똑바로 뜰 수 없다. 바람을 등지고 펼쳐진 달구벌을 내려다본다. 내가 살았던 대명동이 어디쯤인지 가늠해 본다. 작은 점 정도로 가물거리는 저기쯤에 나의 둥지가 있었으리라. 그 둥지를 드나들며 힘겨운 생활을 이어가던 젊은 날이 클로즈업된다. 잡힐 듯 잡히지 않는 무지개를 좇던 꿈 많은 시절이었다. 정해진 팔자가 있다면 고쳐 보리라고 발버둥치던 어리석은 촌놈이었지만 다 부질없는 일이었다.

바람결을 타고 까마귀 떼가 주위를 빙빙 돈다. 음식 찌꺼기라도 얻어먹을지 모른다는 기대 때문이리라. 대덕산 정상으로 이어지는 바람막이 바위 아래에 모여 앉았다. 준비한 김밥과 과일 그리고 정상 주를 꺼냈다. 먼저 산신께 '고수래'를 하고 무사 산행을 빌었다. 음식 던진 곳으로 까마귀들이 무리지어 곤두박질친다. 앞산 산신은 까마귀인가보다. 추위에 언 입이 얼얼하다. 김밥 한 조각을 입안에 넣으니 달착지근하다. 친구가 가져온 머루주가 입에 착 달라붙는다.

죽마고우끼리 모임에서는 어떤 말을 쏟아내도 걸림이 없다. 인생살이 쓰디쓴 맛과 울분을 이기지 못해 토하는 말이 가랑잎처럼 난무한다. 하수구처럼 흘러넘치는 언어의 배설물 가운데 진실을 주워 담기도 한다.

"그래, 니 말 맞다."

마음속으로 가만히 외쳐본다. '아, 가슴에 맺힌 응어리 있거들랑 모두 다 훌훌 털어버려라. 오늘 여기 앞산 정상에서 깨끗이 털고 내일부터는 새로운 마음으로 새 세상을 살아가자. 친구야.' 휘몰아치는 바람도 언젠가는 잠잠해지기 마련이다. 장님 코끼리 다리 만지듯 하며 살아가는 세상, 시각을 달리하면 또 다른 지평이 열릴지 누가 알겠는가.

진돌이

진돌이는 우리 집에서 키운 개 이름이다. 추위가 기승을 부리던 1월 중순경 넷째 아우가 강아지 한 마리를 데리고 왔다. 온몸의 털이 하얗고 복슬복슬한 진돗개 종이다. 태어난 지 한 달도 되지 않은 어린 강아지는 까만 눈을 깜박인다. 종이 박스 한쪽 귀퉁이에 웅크리고 앉아 추워서인지, 두려워서인지 바르르 떨고 있다.

"하루에 한두 번씩 사료와 물만 주면 되니더. 이놈 아비는 풍산개 순종이고 어미는 진돗개 순종이시더. 족보 있는 놈이어서 영리하고 뭘 해도 제 몫은 단단히 할거시더."

아우가 떠난 뒤 추운데 밖에 홀로 두려니 얼어 죽지나 않을까 걱정도 되고, 측은하기도 해서 당분간 방에서 키우자고 했다.

"당신 정신 나갔어요? 말도 안 되는 소리 하지 마소. 오줌똥은 어쩌고. 냄새나고 개털 날리고 나는 싫니더. 방에는 절대 안 되니더."

아내는 개를 싫어한다. 어릴 적 혼이 난 일이 있었는지 개에 대한 거부감이 이만저만 아니다. 시골에는 집이 띄엄띄엄 있어 적적하다. 대부분 집도 지킬 겸 외로움도 달랠 겸 개를 키운다. 도시에서 자란 아내는 밤이 되면 부엉이 소리 소쩍새 소리 고라니 외마디 소리 등에도 무섭다고 한다. 어느 때인가 아우들과 이야기하다가 개를 한 마리 키웠으면 한다고 말했다. 그 말을 새겨듣고 넷째 아우가 강아지를 데려왔다. 아내는 노골적으로 싫은 기색이다.

고심 끝에 종이 박스에 헌 옷을 넣고 군불 때는 부엌 구석에 자리를 마련해 주었다. 강아지 우는 소리에 잠에서 깼다. 말못하는 짐승이지만 어미와 생이별을 했으니 그 마음이 어떠랴! 혹시 너무 추워서 그런 건 아닐까 싶기도 해서 밖으로 나갔다. 어린놈이 바들바들 떨면서 운다. 너무 불쌍하여 박스에서 들어내어 꼭 안아주었다.

아침에 눈을 뜨자 바로 부엌으로 갔다. 다행히 강아지는 박스 안에서 웅크리고 앉아 까만 눈만 깜빡거린다. 아우가 먹이라고 준 사료가 그릇에 고스란히 담겨있다. 배가 고프면 먹겠지, 가끔 사료를 먹었는지 가끔 살펴보아도 미동도 하지 않은 기색이다. '저러다 굶어 죽으면 어쩌나?' 싶어 '되돌려 줄까' 하는 생각도 했다. 냉장고 속의 우유를 미지근하게 데워서 숟가락으로 떠먹었다. 조금씩 받아먹기에 칭찬도 하고 안아주었다. 이름을 '진돌이'라 붙였다. 차츰 군불 땔 때 내 옆에 앉아 손을 핥기도 하고, 앞발로 바짓가랑이를 잡아당기기도 한다. 일주일 정도 우유만 먹이다가 차츰 사료를 섞어 이유식 형태로 먹였다. 이십여 일정도 지나서는 사료만 주어도 잘 먹었다. 내가 '진돌아' 부르면 어느새 달려와서 뛰어오르고 핥고 난리다. 이놈이 눈치가 어찌나 빠른지 내게는 물어뜯기도 하고 장난도 치지만 아내는 슬슬 피한다. 짐승도 저런데 하물며 인간을 미워하면 어떠할까?

추운 겨울이 지나가고 새봄이 왔다. 진돌이도 제법 자라 멋대로 다니며 일을 저지른다. 진돌이에게서 천방지축이던 유년의 내 모습을 본다. 말썽꾸러기에다 개구쟁이 사내아이. 학교라는 목줄에 매여 잃어버린 원초적인 자유. 아내가 개를 목줄에 달아매란다. 온갖 저지레 다 한다고. 언젠가는 치러야 할 홍역이다. 지난번 살던 집에서 개 풀어 놓아 기르다가 묶었을 때 미쳐 날뛰던 모습이 눈에 선하다. 어차피 치러야 할 홍역이라면 하루라도 어릴 때 치르도록 하자. 할 수 없이 개 목걸이를 사 왔다. 동쪽 주목 앞에 쇠말뚝을 박고 진돌이를 달아매었다. 울부짖고 쇠줄을 끊으려고 당긴다. 며칠간 힘든 나날이 지나갔다.

여름이 물러가더니 가을과 겨울도 어느덧 지나갔다. 그동안 이웃집 밭에는 산돼지가 내려와 마밭을 깨끗이 갈아엎었다는 탄식도 들었고,

고구마밭이 쑥대밭이 되었다는 말도 들었다. 그러나 유독 우리 집은 피해가 없다. 진돌이 덕분이다. 진돌이는 짖는 소리부터 남다르다. 산이 쩌렁쩌렁 울릴 정도로 우렁차다. 으르렁거리는 소리가 사나운 맹수에 가깝다. 한번은 목줄을 풀고 뒷산으로 들어갔는데 밤이 다 되도록 돌아오지 않았다. 총 맞아 죽었거나 덫에 걸려 죽었거나 둘 중의 하나라고 단념했다. 그런데 이튿날 저녁 무렵에 진돌이가 돌아왔다. 반가운 마음에 진돌이를 안고 한동안 목이 메었다. 그 후로도 진돌이는 가끔씩 목줄을 풀고 뛰쳐나가 외박(?)을 했다.

자식도 품안에 있을 때만 자식이라 했던가? 어릴 땐 귀엽던 진돌이가 자라고 나니 우리 부부가 감당할 수 없다. 덩치도 크지만 다른 사람에게 공포감을 준다. 사료를 줄 때면 뛰어오르고 목줄로 다리를 휘감아 자칫하면 다칠까 염려된다. 아내는 전에도 진돌이가 말썽을 피우면 '개 좀 어떻게 하라'고 하소연했다.

하루는 아내가 진돌이 사료를 주려고 갔는데, 이놈이 아내에게 뛰어오르고 목줄로 다리를 감아 넘어뜨려 자칫하면 큰 상처를 입을 뻔했다. 아내는 더 이상 진돌이를 기를 수 없다고 단호히 선언했다. 아쉽지만 진돌이와 헤어져야 할 시간이다.

다행히도 둘째 아우가 키우겠단다. 아우는 어릴때부터 집짐승을 끔찍이 좋아했다. 오래오래 사랑받으며 살아갈 진돌이를 생각하니 그나마 안심이 된다. 눈물을 글썽이며 떠나는 진돌이를 차마 마주 볼 수 없어 몸을 돌린다.

아, 그놈의 정때문에….

호마胡馬와 월조越鳥

북쪽에서 온 호마는 북풍이 불면 귀를 북쪽으로 세워 듣고, 월나라 새는 남쪽을 향한 가지에 둥지를 튼다는 말이 있다. 어쩌면 당연한 귀결인지도 모른다. 고향이 그리우면 고향 쪽 하늘을 바라보며 고향을 그리워하고, 부모 형제가 보고 싶으면 누구나 눈을 지그시 감는다. 이렇듯 나고 자란 곳, 자신의 뿌리에 대한 애틋한 정과 생각은 동서고금을 통하여 다르지 않다. 말 못하는 짐승들도 이러한데, 하물며 만물의 영장이라는 인간에게서야 어떠할까를 극대화해 표현한 문장이다.

흔히 고향에 대한 향수로 대변되는 호마와 월조는 고시십구수古詩十九首 중, 행행중행행行行重行行에 나오는 구절이다. 이는 중국 한나라 때 오언율시로 남조의 소통蕭統이 지은 문선文選에 전한다. 주된 내용은 동한말기東漢末期 어지러운 사회 배경으로 남녀 간 정과 이별 그리고 그리움을 읊은 내용으로 된 문체가 정갈한 멋을 풍긴다. 그 가운데 첫 번째 시가 바로 행행중행행이다. 작자 미상이나 생이별하고 떠난 임에 대한 구구절절한 그리움을 담담하게 읊은 절창이다.

'가고 또 가시니 / 님과는 생이별일세 / 서로 만리나 떨어져 있으니 / 각자 하늘 끝에 있구려 / 길은 험하고 머니 / 만날 날을 어찌 알겠소 / 호마는 북풍에 의지하고 / 월조는 남쪽 가지에 둥지를 트는 것을行行重行行 與君生別離 相去萬餘里 各在天一涯 道路阻且長 會面安可知 胡馬依北風 越鳥巢南枝'

예나 지금이나 뜻밖에 임과 생이별하게 된다면 그 애끊는 사무침이야말로 표현할 수 있으랴? 그런 사무친 그리움을 작자는 호마와 월조에 빗대어 담담하게 읊고 있다. 호마와 월조는 향수다. 향수를 자극함으로써 읊는 이의 감정을 자극하려는 시도가 놀랍다. 그러다 보니 천

년 세월을 뛰어넘어 애송되는 게 아닌가 한다.

고등학교 국어시간에 여말麗末 이조년의 「다정가多情歌」를 소제로 하여, 한국인의 특성 '은근과 끈기'에 대하여 배웠다. 한국인의 정서에 특히 정과 한이 많은 민족이라는데 공감한 적이 있다. 어린 나이었지만 나 역시 고향에서 떠나와 자취를 하고 있었고, 부모나 일가친척, 어릴 때 함께 지내던 이웃 사람들에 대한 그리움이 그러한 분위기를 만들지 않았나한다. 우리가 여행할 때 무심히 차창 밖으로 설핏 스치는 풍경이 우리에겐 별 것 아닌 풍경일 수 있다. 그러나 거기서 나고 자란 그 누군가에겐 소중한 그리움의 땅이요 사랑과 행복의 유토피아일 수도 있다.

내가 호마와 월조에 취해서 고향을 그리워 한 것은 아니다. 사십년 넘게 타향살이 하던 나에게 고향은 그리움의 시원이요, 뼈를 편히 묻을 수 있을 곳이란 생각엔 변함없다. 수려함 보다는 소박함, 풍성함 보다는 모자람, 다정함 보다는 무뚝뚝한 사람들이 사는 곳이다. 지극히 평범하고 내세울 것 없는 곳이지만, 내게는 지구촌 그 어디와도 견줄 수 없는 곳이 바로 나고 자란 곳이다.

나의 초임은 영천이었다. 요즈음은 교통편이 좋아 두 시간 정도면 갈 수 있다. 그러나 당시에는 하루에 한두 번뿐인 완행열차가 전부였으니 고향 오기가 쉽지 않았다. 더구나 근무지는 시내에서 한참 떨어진 시골이었다. 고향도 안동 시내에서 한참 떨어진 시골이어서 차 시간도 잘 맞지 않았다. 특별한 일이 아니면 부모나 고향이 그리워도 갈 수 없었다. 지금은 나의 애창곡이 「숨어 우는 바람소리」이지만, 이십대 초반에는 「꿈에 본 고향」이었다. 이 노래는 민족의 슬픔과 망국의 한을 읊은 노래였다. 해방 전, 아득한 객지를 떠돌며 고향을 그리던 우리 민족의 설움을 노래라는 것이다. 그렇지만 당시 어릴 때부터 자취해 온 나의 정서를 자극하기에는 충분했다. 퇴근 후 주점에서 막걸리 한 사발이라도 걸치는 날이면 이 노래를 목이 터져라 불렀다. 그리고 감상感傷에 눈시울이 젖기도 했다.

젊은 시절 그리던 고향에 백발로 돌아왔다. 종부宗婦라는 무거운 짐으로 허덕이시던 어머니도, 내게 늘 군자의 도를 이르시던 할아버지도 다 돌아가셨다. 다정했던 형제자매들과 눈만 뜨면 조잘대던 친구들도 모두 떠난 텅 빈 고향이다. 껍데기만 남은 고향, 백일홍을 심어두고 완상하면서 향수에 젖기도 한다. 옛날 유년의 꽃밭에 누님이 가꾸시던 백일홍꽃에 보슬비가 소리 없이 내린다. 댕기머리 누님의 모습이 백일홍보다 더 곱다.

손맛

05

산 닭 팝니다 — 생강차 — 청량정사 — 능소화 예찬 — 손맛 — 무궁화 — 한 조각 뜬구름 — 배우고 때로 익히니 — 이매창에 취하다 — 팔자지 뭐

산 닭 팝니다

평소에 쓰는 말 가운데 헷갈리는 말이 참 많습니다. '왠'을 써야 할지, '웬'을 써야 할지 한참 따져보고 쓰는 경우도 있습니다. 내가 그럴 판인데 외국인들에게 우리말이 어려운 것은 당연하지 않을까요? 같은 말이라도 앞뒤 말이나 문장을 연결해 보아야 무슨 뜻인지 구별되는가 하면, 문장으로는 도저히 구별이 안 되는 말도 있습니다. 또한 하는 말이 한자말과 섞여진 말이라면 더욱 난해합니다.

시내에서 집으로 오는 길가에 어떤 식당이 있습니다. 이 식당 입구에 '산 닭 팝니다.'란 안내판을 세워 놓았습니다. 지날 때마다 어떤 의미인지 생각해 봅니다. 그러던 어느 날 지인이 그 집에서 만나 밥을 먹자고 했습니다. 닭백숙과 소주를 몇 병 먹었습니다. 안주 들고 온 주인께 넌지시 물었습니다.

"입구에 '산 닭 팝니다'라고 쓰였는데 어떤 뜻이지요?"

"아, 그거요. 살아있는 닭도 판다는 말이시더. 근데 왜요?"

"아니, 그냥요. 뜻이 여러 가지로 해석될 수 있어서요."

"또 달리 뭔 뜻이 있니껴? 도통 나는 모를시더."

"예, 살아있는 닭 판다는 뜻도 있고요, 사 온 닭, 산에 놓아먹이는 닭이란 뜻으로도 해석될 수 있을 것 같아서요."

"하하하, 맞니더, 세 가지 뜻이 다 맞아요. 내가 사 온 닭을 산에 놓아먹이는데 이놈들을 산채로 붙잡아다가 팔기도 하니더. 그르이께네 다 맞는 말이시더. 참 기매키는 해석이시더."

그 바람에 우리는 파안대소를 했습니다.

'눈目에 눈雪이 들어가니 눈물인가, 눈물인가?'라는 말이 있습니다. 같은 글자지만 쓰임과 발음에 따라 의미가 달라지는 경우를 절묘하게 표현한 말입니다. 배라는 글자도 마찬가지입니다. '먹는 배'와 '타는 배', '동물이나 사람의 배'도 오해의 소지가 있습니다. 예컨대 뜬금없이 '아, 배에 올라타니 기분이 좋았어.'라고 했다면 이상한 놈으로 오해받기 십상이 아니겠어요?

안동 사투리 가운데 '매란당'이란 말이 있습니다. 보잘 것 없거나 너저분하고 뒤죽박죽이어서 도무지 대책이 없을 때 쓰는 말이지요. '매화와 난초가 어우러진 집'인지, '매화와 난이 없는 집'인지 앞 뒤 맥락을 살피지 않고는 난해합니다. 이런 말은 부지기수입니다.

특히 한자에 익숙하지 않은 세대에게 우리말과 한자가 섞여진 경우라면, 아프리카 원주민의 말이나 다름없이 더욱 난해하겠지요. 어릴 때 일입니다. 예안 장날이나 명절 때면 어른들이 주막집 마당에 멍석을 깔아놓고, 종지에 작은 윷을 만들어 담아 노는 윷놀이인 소위 '종지윷'을 하고 있었습니다. 한참 윷놀이를 하던 중 '자불이다'하면, 요즈음 윷놀이 때의 낙판처럼 말을 쓰지 못하고 넘어가야 했습니다. 나는 그 자불이란 말이 이해가 되지 않았습니다. 그런데 몇 번 윷판을 자세히 들여다보고서야 무슨 말인지 깨달았습니다. 자불尺不 즉 '윷가락 사이가 한 자가 되지 않는다'는 말이라는 것을요.

역시 어릴 때 얘기입니다. 당시에는 어른들의 대화 가운데 한문 투의 말이 많았습니다. 예컨대 인사말만 해도

"시하(부모나 조부모를 모시고 사는 사람)신가? 잔네 완장(남의 삼촌의 존칭)은 별첨(아무 일)안 계신가?"

하면,

"예, 구경시하(부모가 모두 살아계실 때), 또는 자시하(모친만 살아

계실 때), 엄시하(부친만 살아계실 때)시더"
라고 대답해야 했다. 그렇지 않으면 '못 배운 상것'으로 치부되었습니다.

어느 날 우리 집 사랑방에 오신 점잖은 노인이 할아버지와 대화 도중

"자지면 만지고 보지면 조지라는 말이 있네"
하고 말을 얼굴색 하나 변함없이 태연스레 하시는데, 할아버지도 고개를 끄덕이는 것이었습니다. 하도 놀라서 못 들은 척했습니다. 그 뒤 많이 알 듯한 동네 형에게 물었습니다. 형은 대수롭지 않게

"아 그거, 스스로 깨우치면 늦게 알게 되고, 남이 도와서 깨우치게 되면 빨리 알게 된다"
는 말이라고 했습니다. 그때야 문득 깨달았습니다. '자지自知면 만지晩知고 보지輔知면 조지早知라.' 요즈음 이런 말을 했다간 음담패설이나 즐기는 무례한이나 성희롱으로 고발당하기 십상이겠지요.

이렇듯 아는 말도 잘못 사용할 때가 많습니다. 그래도 요즈음 글로 쓸 때는 오류가 적습니다. 컴퓨터에 '맞춤법 검사' 기능이 있기 때문입니다. 한글 맞춤법 통일안이나 개정 맞춤법 등을 볼 때면 우리말이 더욱 어렵게 느껴집니다. 무슨 예외 규정이 그렇게 많은지요. 말 많은 세상에 묵언 수행하는 것도 한 방법이 아닐까요?

생강차

어느 날 아내가 냉장고에서 플라스틱 통에 검은 액체가 반쯤 담긴 물건을 꺼내어 내게 물었다.

"이게 무엇인지 알아요?"

하는 아내를 멀뚱히 바라보았다. '냉장고의 물건은 당신이 더 잘 알지 내가 어떻게 알겠느냐'는 의미이다. 그런데도 아내는 무엇인지 모르겠다는 표정이다. 아내가 식탁에 올려놓고 뚜껑을 열려 했지만 요지부동이다. 보다 못해 내가 통을 잡았다. 좀체 열리지 않던 뚜껑이 피-익하고 공기가 빠지면서 열린다. 숟가락을 넣어 시꺼먼 액체를 떠내 맛을 보았다. 그때서야 그 물건의 정체가 생각났다.

지난 초여름 농협의 로컬푸드 출하자와 임직원들이 전북 완주의 농협에 견학 갔을 때 체험장에서 직접 만들어 온 생강차다. 강사가 냉장 보관해야 한다고 해서 손이 자주 가지 않는 냉장고 뒤쪽 깊숙이 넣어 두고는 잊어버린 것이다.

나이 탓인가, 아니면 건망증인가? 찻물을 끓여 타서 맛을 보았다. 숙성이 다 된 것 같다. 달착지근하면서도 알싸한 생강 향이 미각을 자극한다. 농협 체험장에서 생강차 만들던 기억이 새롭다. 생강을 잘게 썰어 양푼에 담고 흑설탕을 생강 양만큼 넣어 버무린 다음 병에 넣고 마개를 막았다. 그때는 물기가 없었는데 설탕에 생강즙이 빠져나와 검은 액체가 된 것이다.

나의 삶과 차는 본래 거리가 멀었다. 누가 찻집에서 만나자고 하면 술집으로 수정 제안했다. 툭하면 술이었다. 기쁠 땐 기쁘다고 한잔 마시고, 슬플 땐 슬퍼서 한잔 마셨다. 어쩌다 옛 벗과 만나면 반갑다고 마시고, 모임이나 행사 있으면 우선 한잔하는 것이 인사였다. 워낙 마셔대니 당뇨가 찾아왔다. 함께 살자고 했다. 주위에서 걱정도 하고 의사도 만류했지만 '인명 재천'을 들먹이며 또 고집스럽게 마셨다. 농촌에서 마시던 농주가 습관이 되어 늘 막걸리 파는 주점이나 포장마차를 찾아다녔다. 자연히 나의 단골집은 변두리의 간이주점이었다. 금방 부쳐낸 따끈한 파전이나 배추 부침개를 안주삼아 마시는 막걸리는 꿀맛이다.

직장에서 손님이 오면 일상적으로 차를 낸다. 차가 나오면 어쩔 수 없이 잔만 받아 놓는다. 그런 나를 보고 친구들은 별종이라 했다. 나는 차 맛에 길들지 않는 농투성이 촌놈 그 자체였다.

그러던 내 인생에 차가 운명처럼 다가왔다. 어느 날 예고도 없이 이석증과 돌발성 난청이 찾아왔다. 병원에서 술은 절대 금물이란다. 어지럽고 귀가 들리지 않으니 짜증스럽고 혼란스러웠다. 술을 마시지 않으니 금단 현상이 왔다. 괜히 뭔가를 잊어버린 것만 같아 호주머니에 손이 갔다. 어떤 때에는 넋을 놓고 멍하니 하늘만 바라보기도 했다. 술을 마시지 못하니 한잔하자는 친구들도 연락이 뜸하고, 가끔 안부 전화 정도다. 입이 심심하고 속도 헛헛했다. 냉수를 한 사발씩 들이키다가 차를 마셔보면 어떨까 하는 생각이 들었다. 물을 끓여 홍삼차를 탔다. 달큰하면서 인삼 향이 짙게 코끝을 자극했다. 한 모금 마셨는데 냉수보다는 한 수 위다.

차츰 차가 내 인생에 똬리를 틀어간다. 이렇게 변하여 놀랄 때도 있다. '요런 간사한 인간, 어찌 생각이 그렇게 손바닥 뒤집듯 하나? 언제는 바라보지도 않더니, 모든 게 자기 위주 아닌가.' 하고 자책도 해 보았다. 얼마 전까지 모든 약속은 당연히 술집이었지만 이제는 찻집이다. 작설차, 오설록, 보이차, 홍삼차, 홍차, 유자차, 커피……. 커피 종류가 그렇게 많은지 미처 몰랐다. 차가 눈에 들어오고 차향이 느껴진다.

생강차는 당뇨가 있는 내게는 적절치 못하다. 설탕과 생강을 버무려 우려낸 차이니 당연히 멀리해야 한다. 설탕을 넣더라도 발효가 되면 괜찮다고 말하는 이들도 있다. 그러나 설탕의 당이 발효된다고 하여 다른 물질로 화학적 변화를 일으킨다는 것에는 동의하지 못한다. 감기로 목이 뜨끔거리면 가끔 생강차나 유자차를 마신다.

늘 생강차를 마시는 아내가 부럽다. 나도 타서 마셔볼까 하다가 단념했다. 술도 끊었는데 당분이 나에게 무슨 이득이 있겠는가? 맛이 있느냐고 물었더니 빙그레 웃으며 고개를 끄덕인다. 전북 완주에서 먼 길 달려와 우리 집 냉장고에서 긴 잠을 자던 생강차, 이제 기지개를 켜고 아내의 몸속에 스며들어 피가 되고 살이 될 것이다. 둥굴레 차를 타서 가져오니 구수한 향기가 스민다. 세월 따라 사람 모습이 변하듯, 사람 마음도 따라서 변한다. 변하지 않는 것이 어디 있을까? 다향만리茶香萬里라는 말이 향기로 스민다.

청량정사

드디어 청량정사에 도착했다. 세월의 무게를 못 이겨 기우뚱한 대문을 열고 들어갔다. 이마에 맺힌 땀방울을 손수건으로 훔치며 바라본 풍광은 절경이다. 정사 왼쪽에 깎아지른 듯 금탑봉이 우뚝하고, 오른쪽에는 이제 막 피어나려는 연꽃이 미끈하게 솟은 듯한 연화봉이 있다. 산이 감싸고 있어서 골짜기 밖이 보이지 않고 담장 너머 하늘은 구름 한 점 없다. 정사를 둘러싼 사방이 아직은 푸르다. 절벽을 감싸고 기어오르는 성질 급한 담쟁이는 검붉은 옷으로 갈아입은 가을이다. 그러나 단풍은 겨우 연화봉 정상에만 얼굴을 내밀었을 뿐이다.

"뭘 그리 넋을 놓고 바라보고 있니껴, 기념 촬영하그러 저쪽으로 모이라니더."

일행이 팔을 끌어 빼어난 풍광의 몰입에서 벗어났다.

우리가 이곳을 찾은 것은 도산선비문화수련원에서 계획한 선비 체험 일정 때문이다. 도산선비문화수련원은 동방 부자로 추앙받는 퇴계 선생의 혼을 더듬어, 이 시대의 참 선비로 거듭나기 위함이다.

인솔자는 정사의 내력과 퇴계 선생이 공부하던 이야기를 설명하였다. 그때 수련원 이사장이 흰 무명 두루마기에 중절모를 쓰고 나타나셨다. 모두 놀랐다. 노령에도 불구하고 연수를 위해 험한 산길을 올라온 것이다.

청량정사는 경상북도 문화재로 조선 중기 퇴계 이황 선생의 숙부 송재공이 지었다. 집안 자제들의 강학과 유림의 회합 장소 등으로 사용되었다. 한때 일본인의 방화로 소실되었던 것을 1901년 유림에서 다시 중건하였다.

내가 처음 청량정사에 간 것은 중학교 2학년 때이다. 가을 소풍때 이곳에서 숙식을 했다. 여섯 칸 정도의 집에서 120여명이 잤으며, 이때가 10월 중순 무렵이었다. 잠결에 깨어보니 모두 웅크려 잠을 잤다. 옆에 누운 친구를 깨웠다. '웅크리고 있으면 더 추우니 그럴 바엔 차라리 산에 오르자'고 했다.

밖에 나오니 이미 몇 친구들이 산에 오를 준비하고 있었다. 산중이라 날씨가 쌀쌀한 가운데 사방이 희끄무레 한 여명이었다. 우리 10여 명은 짙은 안개속을 더듬어 명필 김생이 기거했다는 김생굴을 거쳐 자소봉으로 올랐다. 정상 가까이 오르자 이마에 땀방울이 맺혔다.

밝아오는 정상의 이른 새벽, 기이한 청량산의 또 다른 모습을 보았다. 발 아래가 온통 운해였다. 그때 처음 본 청량산의 새벽 장관은 아직도 눈에 선하다. 눈 들어 앞을 보니 연화봉에 햇살이 번져 오색 단풍이 함초롬하다. 그때 누군가

"야호!"

하고 소리쳤다. 징 소리 울리듯 메아리가 파도처럼 허공을 갈랐다. 외친 소리는 한참 동안 여진을 남겼다.

이사장의 열강이 끝나고 정사 옆 청량사로 발길을 옮겼다. 청량사는 올 때 마다 아늑한 느낌이 든다. 관음전에 앞에서 손을 모으니 마음의 번뇌가 조금씩 가시는 듯하다. 하산 길에 청량정사 오산당 지숙료 운서헌의 현판을 본다. 언제 다시 이곳에 올지 아쉬움이 남아 발길이 옮겨지지 않는다.

담 너머 '산군의 집'은 문이 굳게 닫혔다. 이 집은 나와 형제처럼 지내던 대실 형이 살던 곳이다. 그동안 형이 세상 뜬 것을 몰랐다. 일전에 아내와 함께 청량산에 왔다가 이곳에 왔을 때 형이 보이지 않았다.

낯선 사람이 주인 행세를 하기에 연유를 물었다. 갑자기 죽었단다. 오늘 문이 굳게 닫힌 걸 보니, 그도 아마 이 곳의 삶이 쉽지만은 않았던 모양이다.

뜬구름처럼 살다가 뜬구름처럼 떠난 형을 생각하면 인생 참 별것 아니라는 생각이 든다. 나는 청량산에 올 때마다 그에게 농담 반 진담 반 '청량정사 관리를 잘 부탁하노라'라며 당부하였다. 이제 건성으로나마 청량정사를 부탁할 사람마저 사라졌다. 한 줄기 바람이 스치고 지나간다. '그래 바람아, 네게라도 청량정사를 부탁하련다'

어느덧 해가 남쪽 하늘 중천에 있는 듯하다. 이제 떠날 때가 된 모양이다. "산천은 의구하되 인걸은 간데없다"하였던 시조가 생각난다. 일행은 정사 앞 오솔길을 빠져나간다. 우리 문중 영욕의 세월이 스민 집이다. '나도 이곳에 눌러앉아 글공부나 해 볼까?' 어처구니없는 과욕에 나도 내게 소스라치게 놀란다.

능소화

예찬

서재 창문 밖 무궁화를 타고 오른 능소화가 눈길을 사로잡는다. 요염하게 단장한 여인이 떠오른다. 장마가 그친 한낮의 능소화는 우중충한 장마 때 보던 것과는 또 다른 느낌이다. 천지가 녹색 바다에 뜬 황포돛배와 같다. 깔때기 모양의 주황색 꽃이 녹색의 잎과 묘하게도 보색 대비를 이룬다. 축제에 초대된 무희들의 부채춤을 떠올리게 한다.

여름꽃으로 백일홍을 비롯한 무궁화와 능소화 등이 있다. 그 중 돋보이는 꽃이 나팔 모양의 적황색 능소화다. 언제였던가, 학창 시절에 친구와 어느 산사에서 이 꽃을 처음 보았다. 고즈넉한 산사의 토담을 기어올라 주저리주저리 핀 꽃, 그 화려하면서도 고혹적인 자태에 매료되어 스님에게 무슨 꽃인지 물었다. 빙그레 웃으며 능소화라 하였다. 그리고는 선문답하듯 다시 말을 이은다.

“장미는 가시로 자신을 보호하지만 능소화는 가시 대신 보이지 않는 독을 품었지.”

능소화는 지조 높은 화류계 여인 같은 느낌이다. 갈라진 다섯 장의 꽃잎이 언뜻 나팔꽃 같지만, 옆에서 보면 깔때기 모양의 꽃 통 끝에 꽃잎이 붙어 있어서 호른이라는 악기가 연상된다.

가인박명이라 했던가? 꽃이 질 때는 통째로 떨어지는데, 시들 때까지는 피어 있지 않고 절정의 시기에 스스로 낙화한다. 구차하게 목숨을 구걸하는 것과 대비된다. 소나기 한 줄기 지나간 능소화 넝쿨 주위는 낙화한 꽃이 분분하다. 청춘에 요절한 여인 같다. 한번 피기 시작하면 초가을까지 피고 지기를 거듭하는 능소화, 숨 막히는 여름을 달래주는 한줄기 시원한 청량제 같다.

능소화에 얽힌 이야기가 있다. 옛날 구중궁궐에 소화라는 이름의

궁녀가 왕의 성은을 입었다. 그녀는 후궁이 되었지만, 다른 후궁들의 질투와 시기로 다시는 왕을 볼 수 없게 되었다. 이런 줄도 모르고 왕을 기다리던 소화는 그리움에 사무쳐 죽고 말았다. 뒤늦게 이 사실을 알게 된 왕이 불쌍히 여겨 자신의 거처가 보이는 담 밑에 묻어 주었다. 그곳에서 홀연히 기이한 싹이 터서 궁궐 담을 타고 올라 화려한 꽃을 피웠다. 그 뒤 사람들은 소화의 무덤에서 핀 꽃이라 하여 능소화라 불렀다는 것이다.

능소화와 인연이 닿음은 산사였지만, 인연의 두 번째 시작은 이 꽃을 우리 집에 옮기면서부터이다. 80년대 중반, 친구들과 강변 '하이마'라는 곳 솔밭에 갔을 때이다. 저만치 떨어진 산기슭 바위를 타고 오르며 무리 지은 꽃을 발견했다. 다가가 보니 능소화였다. 산사 토담의 능소화 추억이 겹쳐서 슬그머니 탐이 났다. 가는 줄기를 몇 개 잘라 손수건에 싸서 집으로 가져와 삽목을 했다. 마디마다 흡착 뿌리가 있어 삽목이 잘 되리라 생각되었다. 뜻밖에도 두 그루만 뿌리를 내렸다. 어느 정도 자란 후 대문 기둥을 타고 오르게 옮겼다. 거름을 주니 능소화는 잘 자라서 다음 해에 황홀한 꽃을 피워냈다. 동네 사람들이 꽃의 자태를 바라보며 부러워했다.

능소화 묘목을 길러 원하는 사람들에게 나누어 준 것도 바로 이때부터이다. 능소화를 캐어낸 자리에 이듬해부터 능소화 줄기가 다시 올라오기 시작했다. 그때까지 남은 뿌리에서 능소화가 싹 트리라고는 생각도 못 했다. 줄기가 길게 나가면서 땅에 뿌리를 내려 착근이 되는 것이었다. 그래서 본의 아니게 능소화 보급에 앞장서게 되었다.

안동시 정하동의 큰길 이름이 능소화길이다. 도로변의 가로등에 능소화를 붙여 올렸다. 정하동을 개발할 때 나온 옛날 분묘에서 고성이씨 가문으로 시집온 원이 엄마라는 여인이 쓴 편지가 발견되었다. 이를 소재로 쓴 소설이 조두진 작가의 『능소화』이다. 이런 연유로 붙여진 도로명이 '능소화 길'이 된 것이다. 짧지만 불꽃 같은 삶을 살다 간 반가의 부부 이야기가 잔잔한 여운을 남긴다.

능소화는 절개의 꽃으로 이를 보면 떠오르는 사람이 있다. 송도삼절松都三絕로 회자되는 황진이를 비롯한 부안 기생 이매창과 단양 기생 두향이다. 이들은 모두 엄격한 유교 사회에서 기생 신분으로 살았으나, 고고한 인품과 지조로 조선 기생의 자존심을 지켜낸 불세출의 여걸들이다. 돈과 권력에 연연하지 않았고 지조를 목숨처럼 여겼다. 매화는 평생을 추위에 떨어도 자신의 향기를 팔지 않고, 매미는 굶어 죽을지언정 소리를 팔지 않는다지 않는가?

손맛

“자, 손맛 한 번 봐라. 이게 흉년에 쌀 석 섬 하고도 안 바꾼다는 손맛이다.”

친구는 씨익 웃으면서 물고기가 걸려 부르르 떨리며 휘청거리는 낚싯대를 건넸다. 물고기가 당기는 힘이 낚싯대를 잡은 손으로 찌르르 전해 온다. 가슴이 뛴다. 사냥꾼이 숲에서 버둥거리는 먹잇감을 낚아채는 모습이 그려진다. 태초에 살기 위해 사냥에 참가한 초짜배기 사냥꾼의 맥박이 이랬을까? 친구는 낚싯줄이 당겨질 때의 짜릿한 손맛에 반해 낚시한단다. 밥맛도 입맛도 아니고 손맛이라? 참 맛깔스러운 말이다. 그래서 외국인들이 우리말이 어렵다고 하는가? 그에게 낚싯대를 건네주고 손맛이란 말을 곱씹어 본다.

그렇다. 손맛이라는 것이 손때가 묻어 나온 짭짤한 맛이 아니고, 오랜 체험에서 얻은 ‘감각’으로 전해지는 맛. 기계가 아니라 손으로 직접 만들어서 내는 맛. 손으로 만드는 솜씨에서 우러나오는 맛이 바로 손맛이다. 그래서 손맛을 마음의 맛이라고 하는가 보다.

손맛하면 어머니가 떠오른다. 어릴 때부터 길든 미각 때문에 손맛을 가장 잘 내는 사람은 누구나 어머니가 최고다. 그래서 ‘어머니’와 ‘손맛’을 잘 버무려 상호로 쓰는 가게도 눈에 띈다. ‘친정엄마 손맛’, ‘손맛 김치’, ‘엄마 골부리국’, ‘할매 곰탕’, ‘엄마 손 반찬가게’ 등, 가슴 속 향수를 자극한 상술이 기발하다.

어린 시절 자취를 시작하기 전이었다. 집안 사정상 진학하여 시내로 나가면 자취를 할 수밖에 없는 형편이었다. 봄방학이 거의 끝나가고 새 학기가 시작될 무렵이었다. 자취 도구를 챙겨주시던 어머니께서 냄비에 밥 짓는 것과 반찬 만드는 방법을 여러 번 가르쳐 주셨다.

"야야, 걸아. 같은 재료, 같은 양념을 쓰더라도 음식 맛은 손끝에서 나오니라. 그라고 음식 맹글 때 정성을 다해서 맹글어야 맛이 있니라."

특히 된장찌개 끓이기는 여러 번 재료와 방법을 달리하여 가르쳐 주셨다. 그리고 함께 간을 보고 평가를 했다. 내가 끓인 된장찌개 맛은 물으나마나이다. 그렇지만 어머니께서 뚝배기에 자글자글 끓여 주신 된장찌개, 그 구수한 손맛을 나는 아직도 잊을 수가 없다.

우리 음식에서 가장 중요하게 꼽는 것 중 하나가 손맛이다. 서양 요리에서는 정확한 계량과 매뉴얼이 음식 맛을 좌우한다고 하는데 우리는 다르다. 주로 계량보다 경험과 느낌에 의해 재료의 양이나 시간을 잰다. 그래서 음식 솜씨 있는 사람을 일컬어 '손맛이 보통이 넘는다. 혹은 손이 맵짜다.'라고 한다. 간혹 김밥 혹은 무침을 할 때 손의 온도로 인해 양념이 좀 더 잘 된다는 이야기도 있고, 손의 이물질(효모?)이 맛을 좋게 한다는 말도 한다. 아무튼 사람마다 음식을 만들 때 손의 압력이나, 조리 시간에 따라 양념이 스며드는 양이 달라지기 때문이 아닌가 하는 생각도 든다.

손맛이 다른 뜻으로 쓰일 때도 있다. 손에 의해 느껴지는 감각. 즉 낚시할 때 손맛과 같은 의미이다. 뉴스에서 '에릭 테임즈가 우규민을 상대로 동점포를 때렸다. 포스트시즌서 첫 손맛을 봤다.'는 기사를 접했다. 이종 격투기 선수인 추성훈의 손맛이 보통 매운 게 아니라는 말은 들어봤어도 야구에서도 통용될 줄은 몰랐다. 아무튼 야구에서도 공을 방망이에 맞췄을 때 오는 감이 빗맞았을 때와 비교하여 느낌이 다를 것이란 생각도 든다.

좀 생소하기는 하지만 블록 조립이나, 활쏘기 등 손을 사용해 뭔가를 조작하는 활동에서 느끼는 감각도 손맛에 넣는다고 하니 재미있다. 이렇게 손의 감각적 느낌을 시각으로 확인시키기 위해, 모터를 이용한 진동 컨트롤러 기능을 화면에 띄우기도 한단다. 세상 참 오래 살고 볼 일이다.

손과 맛, 상관없는 두 글자가 합쳐져서 만들어낸 새로운 말이 우리에게 전하는 느낌은 묘한 여운을 넘어 맛깔스럽기까지 하다. 밥맛이나 입맛, 주먹맛, 쓴맛 등 흔히 쓰는 말 가운데 손맛이라는 말, 어쨌든 감칠맛 나는 우리말이다.

파도가 하얗게 밀려온다. 낚시터는 방파제에 가려 있지만 물결이 심하게 일렁인다. 일기가 심상치 않다. 예보에는 날씨가 쾌청이며 물결이 잠잠할 거라더니, 비가 오려는지 바람부터 세차게 분다.

아무래도 낚싯대를 접어야 할 것 같다. 친구가 '흉년에 쌀 석 섬하고도 안 바꾼다는 손맛'도 이제 그만 볼 때가 된 듯하다. 하루 날씨도 제대로 예측 못 하는 기상청의 예보에 입맛이 쓰다. 모처럼 팍팍한 일상을 벗어나 콧바람 쐰다고 바다낚시 나온 우리의 운수도 화투패로 치면 삼팔따라지다. 긴 방파제를 따라 나오니 정자가 보인다. 짐을 줄여야 한다. 을씨년스런 비바람을 피해 정자에 오른다. 준비한 음식을 풀어 이른 점심을 먹는다. 일행이 음식 준비해 온 친구 사모님 손맛이 예사롭지 않다고 한마디씩 거든다.

무궁화

우리 집은 도로와 접한 서대문이다. 담장을 쌓지 않고 터놓아 대문이 있어야 할 자리에 높이 3m쯤인 무궁화를 심었다. 그래서 여름철엔 아름다운 무궁화꽃 감상할 수 있다. 북쪽은 울타리 대신 장작 더미로 동쪽은 주목, 그리고 남쪽은 기왓장을 낮게 쌓아 두었다. 영산홍을 비롯한 회양목 등 키 낮은 나무를 배치하여 햇빛이 잘 들게 하였다. 이는 집을 감싼 담장을 고정관념에서 벗어나, 부드러운 변화를 주면서도 자연 친화적인 분위기로 변화를 주고자 함이다.

무궁화를 출입구에 심은 것은 옛집에 대한 향수 때문이다. 당시 우리 집은 전형적인 초가삼간 오두막으로 수숫대와 솔가지를 엮은 울타리가 있었다. 그리고 사립문 앞 커다란 무궁화와 국기 게양대, 남쪽에 자리한 아름드리 감나무, 뒤쪽 장독대 부근엔 살구나무가 있었다.

무궁화를 누가 언제 그 자리에 심었는지는 모른다. 여름 내 피는 분홍빛 무궁화는 감나무, 살구나무와 함께 우리 집의 상징이자 자랑이었다. 더구나 음악책에 '무궁화, 무궁화 우리나라 꽃…' 이라는 노래까지 실렸으니 어깨가 으쓱했다. 친구들에게 우리 집 무궁화를 자랑하려고 할아버지께 무궁화를 언제 심었는지 여쭈었다.

"낸들 아나. 삽짝 앞 무궁화는 내가 어릴 때도 원래 그 자리에 있었어."

분명한 것은 고목인 무궁화가 오랜 세월 우리 집 지킴이 역할을 해왔다는 점이다. 아마 민족 혼 말살 정책으로 일본인에 의해 훼손되어 급감하기 전까지는 어디든 여름을 수놓았던 무궁화가 아니었을까?

초임지에서의 무궁화와 관련된 잊을 수 없는 기억이 있다. 무궁화동산 가꾸기와 무궁화반 이야기다. 칠십 년대 초 새마을 운동이 들불처럼 번지던 때였다. 경부고속도로가 완공되고 개발과 성장의 동력이 제법 꿈틀거리던 때, 범정부 차원에서 학생들에게 애국과 애족심을 기르기 위해 태극기와 무궁화, 애국가에 대한 교육을 강화하였다. 연중 행사로 무궁화와 태극기 그리기 대회가 열리는가 하면 무궁화동산도 만들었다. 학교에서는 꽃모종이나 나무를 학생들에게 나누어 주기도 하였다.

무궁화는 삽목이 쉬워 학교 실습지에서 단기간에 대량으로 키워냈다. 그런데 '만만한 게 원산 돼지'라고 하필이면 초임인 내가 그 담당자이다. 아이들과 한 해 동안 물을 주고 거름 주는 등 너무 힘들었다. 그렇지만 우리 민족의 얼이 담긴 나무를 가꾸어 보급하는 일이니 얼마나 보람된 일이냐고 다독였다. 때 묻지 않은 시골 아이들이기에 묘목을 잘 생산하여 이듬해 가정마다 보급할 수 있었다.

당시엔 학년 초가 되면 교실 환경심사가 연례 행사였다. 환경계에서 학급 환경 구성 계획이 나왔다. 교실 전면의 왼쪽에는 애국가, 오른쪽에는 국민교육헌장 그리고 뒷면에는 학생 작품과 교내 행사 등으로 구성하라고 했다. 그런데 나는 파격적으로 무궁화 일색의 교실 환경을 꾸몄다. 우선 학급 이름을 『무궁화반』이라고 하고, 학생들을 무궁화에 비유한 반가를 지었다. 교실 전면 왼쪽에는 4절지에 애국가를 만들어 붙이고, 그 주위에 아이들이 그린 무궁화로 채웠다. 오른쪽도 국민교육헌장을 4절지에 써 붙이고 사방을 크고 작은 무궁화 그림으로 예쁘게 꾸몄다. 뒷면 작품란도 무궁화요, 행사판은 색종이를 무궁화꽃 모양으로 오려 붙인 다음, 그 가운데 '반가班歌'를 붙였다. 동학년 주임이 걱정하였지만 그대로 소신대로 밀어붙였다.

환경심사에서 난리가 났다. 환경구성원칙에 어긋난다는 것이다. 교감이 당장 떼어내라고 호통을 쳤다. 며칠 지났을 무렵에 교육청에서 장학지도를 나왔다. 장학사가 교장 교감과 순회를 했다. 점심시간이 끝나자 장학사가 교실로 찾아왔다. 나는 꾸중들을 각오를 단단히 하고 있었다. 그는 부드러운 음성으로 환경구성을 왜 그렇게 했는지 배경을 설명해 보라고 하였다. 애국심과 민족혼 심기의 필요성과 구체적 실천에 대한 의견을 말하였고, 마침 우리 반이 실습지의 '무궁화 재배반'이기에 자긍심을 길러 줄 필요성을 말하였다. 경청하던 장학사가 고개를 끄덕이더니 칭찬과 격려를 하였다. 천지도 모르는 햇병아리 시절이었다. 시퍼런 칼날이 번득이는 유신시대를 참 겁도 없이 살았다.

지금도 무궁화 꽃을 가만히 바라보노라면, 치기어린 초임 시절 내 모습이 떠올라 혼자서 미소 짓는다.

한 조각 뜬구름

경기도 안성의 작은 시골 마을에 있는 조병화문학관을 찾았다. 봄이라 하기에는 이른 때였다. 넓은 들녘 사이로 시냇물이 흐르고, 멀리 보이는 안산은 봄기운에 졸고 있었다. 조병화 시인은 중학교 국어 시간에 「의자」라는 시를 배우며 처음 만난 분이다.

"지금 어드메쯤 / 아침을 몰고 오는 분이 계시옵니다 / 그분을 위하여 / 묵은 이 의자를 비워 드리지요 / 지금 어드메쯤 / 아침을 몰고 오는 어린 분이 계시옵니다 / 그분을 위하여 / 묵은 이 의자를 비워 드리겠어요 / 먼 옛날 어느 분이 / 내게 물려주듯이…"

어머니의 사랑이 남달랐던 시인은 돌아가신 어머님 곁에 지내고자 집을 지었다 한다. 이 집이 바로 편운재片雲齋로 그의 문학 산실이기도 하다. 편운은 시인의 호이다. 옛 어른들은 부모가 돌아가시면 산소 부근에 여막을 짓고 3년 동안 살았다. 시인은 3년이 아니라 퇴임후 남은 세월을 그리운 어머니 곁에 있고자 했던 듯하다.

편운재는 그가 생활하던 당시의 모습 그대로라고 한다. 내부는 평소에 손때 묻은 화구와 문구류, 담배 파이프 등의 유품이 전시되어 있었다. 벽에는 그의 유화와 스케치 등을 걸어 두었는데, 상당한 수준의 그림으로 보여 화가로서의 편운을 짐작할 수 있게 한다.

이곳저곳을 돌아보다가 시화 액자와 함께 걸린 한시 한 편이 시선을 끌었다. 고려 말 조선 초기의 큰스님이셨던 함허득통화상의 게송偈頌이다. '생生은 한 조각 뜬구름이 일어남이요, 사死는 한 조각 뜬구름이 사라지는 것. 뜬구름은 자체가 본래 실체 없으니, 나고 죽고 가고 옴 또한 이와 같다네生也一片浮雲起 死也一片浮雲滅 浮雲自體本無實 生死去來亦如然'라는 말이다.

그가 왜 호를 편운으로 했는지를 짐작하게 하는 시였다. '한 조각 뜬구름이라?' 우리네 삶을 이렇듯 적확하게 콕 집어 표현할 수 있을까? 득도한 도인에게서나 들을 수 있는 촌철살인의 명구이다. 시인은 아마도 이 게송이 마음에 닿아 자신의 호로 삼았으리라.

그래, 인생은 뜬구름과 무엇이 다를 것인가? 유행가 가사처럼 누구든 오는 길 모르고 왔듯이, 가는 길 또한 모르고 가는 것 아닐까? 편운은 낳아주신 어머님 곁에서 머무는 한 조각 뜬구름이었다가, 홀연히 사라지는 뜬구름처럼 미련 없이 떠날 길 준비하였을 것이다. 즐겼던 담배 파이프에서 편운의 체온이 느껴진다.

편운재를 돌아 나오니 양지바른 산자락이다. 서리 녹은 가랑잎이 눅눅하다. 누구의 무덤인지는 알 수 없지만 소박한 느낌이다. 봉분 가장자리에 햇살을 받은 할미꽃이 이슬에 젖었다. 저만치 노란빛 봄맞이와 꽃다지도 앙증맞게 이른 봄을 알린다. 이들 또한 한 조각 뜬구름 같은 존재다. 아무도 보아주는 이 없어도 저 스스로 언 땅을 뚫고 나와 생명의 존재를 알린다. 이제 저들도 때가 되면 한조각 뜬구름처럼 미련 없이 사라지리라. 피어있는 꽃이란 존재, 어쩌면 이 순간이 생의 절정인지도 모른다. 새봄의 전령인 할미꽃과 꽃다지가 펼치는 봄의 노래를 나 혼자 듣기에는 아깝다. 오늘 나는 한 조각 뜬구름 같은 존재가 되어 이 황홀한 순간을 누리고 있다.

뒤돌아보니, 나의 지난날은 한 조각 뜬구름이었다. 인사 발령장 한 장 들고 바람처럼 떠돈 세월이었다. 특히 한두 해 정들었던 아이들을 두고 전근되거나, 그들의 졸업식 날이면 석별의 정을 가슴으로 적셔야 했다.

그런 날들 바람처럼 날려보니고 이제야 고향에 돌아왔다. 인생의 진리를 터득하기 위해 수행 길에 오른 스님들을 '운수납자雲水衲子'라 한다. 그들도 입적을 앞두고는 한곳에 잠시 머문다. 나의 살아온 길은 그들과는 다른 길이었지만, 그러나 모두가 우주의 무한 영겁에 비한다면 크게 다를 바 없다. 무심한 한줄기 비나 바람, 뜬구름 같은 존재일 뿐이다. 떠날 때는 한 줄기 연기처럼 소리 없이 사라지리라. 세상사 남가일몽 왜 아니랴!

돌아오는 길, 찬바람 맞다가 따뜻한 실내에 들어와 막걸리 한 잔 마시니 호연지기가 가슴 가득 용솟음친다. 결고운 시 한 수 읊조리고 싶기도 하고, 감상에 겨운 노래 한 곡 부르고 싶기도 하다. 함허득통화상의 시가 자꾸만 가슴을 찔러 그 여운이 파도처럼 번진다.

배우고 때로 익히니

"요즈음 아이들 참 불쌍해요. 눈만 뜨면 잠자리에 들 때까지 공부하는데, 정작 물어보면 잘 몰라요. 학교와 학원에서 그렇게 배우고 익히건만 알지 못한다는 건 뭔가 우리 교육 시스템에 문제가 있는 것 아닐까요?"

교과교육연구회 운영 방향을 협의하기 위해 몇이 모였다. 논의 중 어떤 교장이 불쑥 공부 방법에 대한 문제를 들고 나왔다.

"우리는 늘 공부에 관한 이야기를 입에 달고 사는데, 학습이란 도대체 어떤 의미인지 개념의 명료화가 필요하지 않을까요?"

잠깐이나마 좌중에 침묵이 흘렀다. 한 사람이 침묵을 깨고 '배우고 익힘'이라고 했다.

"배우고 익힘이란 어떤 것을 말하는가?"

질문이 이어졌고, 행동주의 심리학자, 인지주의 심리학자들이 주장하는 배움과 익힘에 관한 정의가 봇물 터지듯 쏟아졌다. 좌중에서는 내가 가장 연장이자 선배이다. 잠자코 경청하고만 있는 나에게 시선이 쏠렸다.

나는 이때다 싶어 논어의 학이편 1장 1절을 꺼냈다. '배우고 때로 익히니 또한 기쁘지 아니한가學而時習之不亦說乎'라는 말이 학습의 전형을 웅변하는 것이 아닌가 한다고 했다. 논어에서 가장 강조하고 싶은 말이 바로 학學이요, 습習이며 그 도착점 행동이 열悅이 아닌가 한다. 배운 것을 사유思惟를 통하여 깨우쳐 그 이치를 터득했을 때 느끼는 기쁨. 그 기쁨은 바로 새로운 지평을 여는 역할을 하였기에 희열을 느낀다는 말이 아닐까 한다고 조심스레 말했다.

많은 공자의 제자들이 공자 사후, 공자의 말을 모아 책으로 엮으면서 왜 '학이 편'을 첫 편으로 정했을까? 또 왜 첫 장 첫 소절을 이 말로 했는지 유추해 보면 놀라운 사실을 발견할 수 있을 것이라는 내 생각을 말했다. 즉 공자의 제자들이 논어를 엮으면서 숱한 논의 끝에 얻은 결론은 '우리 스승을 한마디로 대변할 수 있는 말이 있다면 무엇일까?'를 첫머리에 놓는 것이 아니었을까?

공자는 어떤 사람이었을까? 자공이 공자에게

"다른 사람이 선생님은 어떤 사람이냐고 물으면 어떻게 대답하는 것이 좋겠습니까?"

라고 했다. 공자는 서슴없이

"배우기를 좋아하는 사람好學者이라고 하라. 얼마나 배우기를 좋아하느냐고 하면, 잠자고 먹는 것까지도 잊어버릴 정도로 좋아한다고 하라."

고 했다고 논어는 전한다.

실제로 위편삼절韋編三絕이란 말은 공자가 주역에 심취하여 소가죽으로 엮은 죽편이 세 번이나 닳아서 떨어졌다는 고사성어에서 나왔다 하니 이를 대변한다고 하겠다.

'배우기를 좋아하는 사람'이란 어떤 사람일까? 그에 대한 공자의 정의이다.

"군자는 배부름을 구하거나 살아감에 편안하기를 바라지 않으며, 일 처리는 날래게 하되 말은 신중하게 하고, 도에 가까운 데로 바르게 다가간다면 가히 배우기를 좋아한다고 하겠다君子 食無求飽 居無求安 敏於事而愼於言 就有道而正焉 好學也已".

공자에게 배움은 일상생활 그 자체였다. 공자는 자신을 '매일 공부하여 모르는 것을 깨우치고, 배움이 쌓여 능숙해지더라도 잊지 않고 기억하는 사람'이라고 했다. 우리가 어떤 대상을 좋아하거나 사랑하게 되면 늘 가까이하고 싶고, 마음을 쏟다보면 잃을까 두려워지는 것이 사람이다.

공자는 어떻게 공부하였기에, 공부가 괴로움과 고통이 아닌 기쁨을 맛보는 것이었을까? 공부는 우선 많이 보고 들어야 한다. 그러기 위해서는 성실한 노력이 뒤따라야 한다. 스스로 수많은 질문과 대답 속에서 지식을 선별하고, 막힘이 없게 된 뒤에도 깊은 사유를 통하여 지혜로 만들어야 한다.

생각이 뒤따르지 않는 공부는 남는 것이 없다. 궁금한 부분에 대한 끊임없는 질문, 이미 알고 있는 지식과 지혜를 바탕으로 하여 알지 못하는 것을 유추해서 깨달음, 바로 이것이 열悅의 경지로 새로운 지평을 봄이 아닐까? 새로운 지평을 보았기에 낙樂이 아닌 열悅인 것이다. 이러한 배움과 사유를 통한 깨우침의 과정이었기에 공자의 공부는 괴로움과 고통이 아닌 희열의 연속이었을 것이다. 그러니 먹고 자는 것도 잊어버리는 경지가 아니었을까?

대부분의 사람은 성적이나 등수 등 학습 결과에 집착한다. 입학시험 · 입사시험 · 자격시험 등, 양으로 표현되는 결과를 놓고 그 사람을 평가한다. 공자의 공부는 결과물로서의 공부가 아닌 과정 그 자체가 지향점이었다.

'위기지학爲己之學'은 자신을 위한 공부라는 말이다. 지식을 쌓아 호구지책을 마련하기 위한 공부, 남에게 내세우기 위한 공부, 좋은 점수를 받기 위한 공부, 어디에 합격하기 위한 공부가 아니라 자신의 능력을 키우는 공부, 자아 실현, 자기 완성을 위한 공부를 한다면 성과의 노예가 되지 않는 공부, 진정한 희열을 맛볼 수 있는 공부가 되지 않을까?

가끔 지인을 만나면 포만飽滿 이야기를 한다. 배부른 사람에게 자꾸 먹이면, 먹는데 질려서 더 이상 먹으려 하지 않는다는 이론이다. 요즈음 우리 교육이 그 꼴이 아닌가 한다. 배우기만 하고 사유할 기회가 없다. 소화하기도 전에 배에 계속 쑤셔 넣는 일만 하니 소화불량에 안 걸리고 배기겠는가? 아이들에게 사유할 기회를 주어, 배운 지식을 스스로 깨우쳐 깨달음을 통하여 얻는 희열을 맛보게 함이 참다운 학습이 아닐까?

배운 것을 떠올려 사유하게 함으로써 스스로 깨우치게 하는 공부, 그 깨우침을 통하여 희열을 느끼고, 그 희열이 원동력이 되어 모르는 것들을 하나씩 터득하게 된다면 이것이야말로 진정한 학습이 이루어진 것이리라.

배움만 있고 익힘이 없는 교육. '배우기만 하고 사유하지 않으면 제대로 알지 못하게 되어 속이 텅 비고學而不思則罔' 마속과 같이 된다고 했다. 제갈량은 왜 울면서 마속의 목을 베라고 하였을까? 배우기만 하고 깨우침이 없는 사람이 얼마나 큰 과오를 범할 수 있는지를 전하는 읍참마속泣斬馬謖의 고사에서 오늘의 현실을 되돌아본다.

이매창에 취하다

이매창을 만난 건 전라북도 부안에서이다. 안동문인협회와 익산문인협회의 교류로 인근 부안에 찾아온 것이다. 이날 문학 기행 일정이 신석정문학관과 매창공원, 미당문학관 방문이었다. 지난날 국어 시간에 배운 목가시인 신석정과 미당 서정주 선생은 작품을 통하여 알 수 있지만, 매창은 낯선 이름이다. 신석정은 매창을 유희경, 직소폭포와 함께 '부안 삼절'이라 극찬했으니 그녀의 인물됨을 알만하다.

창밖 스치는 풍경이 멈춘 이곳은 매창공원이다. 공원이라 하기에는 규모가 다소 작다는 느낌이 들었지만, 묘소와 시비, 쉼터 등이 소박하다.

원문 없이 번역한 「이화우」가 먼저 눈에 들어온다.

"이화우 흩날릴 제 울며 잡고 이별한 님 / 추풍낙엽에 저도 날 생각는가 / 천리에 외로운 꿈만 오락가락하노라"

이렇듯 재치 있고 은근한 정감이 넘치면서 조선 여성 특유의 한과 그리움, 절제를 응축하여 표현할 수 있을까? 이화우는 배꽃 비다. 변덕스러운 봄바람에 배꽃이 흩날려 허공을 뒤덮는다. 이때 눈물 뿌리는 애절한 이별의 남녀가 떠오른다. 화자는 배꽃에서 추풍낙엽으로 건너뛰는 장면 바뀜으로 대구對句를 이루며 생동감을 더한다.

낙엽이 흩날리는 가을날, 홀로 숲길 거닐며 생각에 잠긴 한 여인을 본다. 몇 걸음 가다 시비 「취하신 님께」를 만났다.

"취하신 손님이 명주 저고리 옷자락 잡으니 / 손길 따라 명주 저고리 소리를 내며 찢어졌군요 / 명주 저고리 하나쯤이야 아까울 게 없지만 / 님이 주신 은정까지도 찢어졌을까 그게 두려워요."

오언절구인 이 시는 술에 취한 상황이다. 자신을 요구하는 정든 사람에게 변하지 않는 애정을 갈구하는 마음의 갈등을 진솔하게 표현하였다. 동일한 시어인 '나삼'을 세 번이나 반복하여 씀으로써, 단순하면서도 친숙한 분위기가 자연스럽다. 첫 구에서는 취객의 애정 표현, 둘째 구에서는 첫 구에서 한 행동의 결과, 세 번째 구에서는 앞 두 구에 표현된 상황에 따라 일어나는 시인의 생각, 그리고 마지막 구에서는 시인의 간절한 바람이 시냇물처럼 잔잔히 흐르고 있다.

개성 명기 황진이에 비견하는 부안 사람들의 자부심에 수긍이 간다. 만약 타임머신이 있다면 매창의 사립문을 열고 들어가, 그녀의 가야금 소리 들으며 개다리 송반 앞에 두고 막걸리 한 사발 함께 하고 싶다.

부안 사람들은 말한다.

개성에 황진이가 있다면 부안에는 매창이 있다.

그는 선조 6년 1573년에 부안 현의 아전이던 이탕종의 서녀로 태어났다. 그가 태어난 해가 계유년이었기에 계생 또는 계랑이라 하였으며, 또는 향금이라 불리기도 하였다. 계생은 아버지에게서 한문을 배웠으며 시문과 거문고를 익히며 기생이 되었다. 이로 보아 어머니가 기생이었을 가능성이 크다. 기생이 되어 그는 천향이라는 자와 매창이라는 호를 갖게 되었다. 매창은 황진이보다 반세기 정도 늦게 태어났다.

『가곡원류』에 실린 「이화우」는 정인 유희경에 대한 애절한 그리움을 표현한 절창이다. 매창은 20세에 천민 출신 당대 풍류객 유희경을 만난다. 그는 이미 48세 중년이었다. 그럼에도 둘은 첫 만남에서 첫눈에 반해 지독한 사랑에 빠진다. 유희경은 강화 사람으로 성품이 소박하고 깨끗했다. 그가 양반 계층 문인들과 어울려 교유할 수 있었던 것은 오직 빼어난 문학적 소양 덕분이었다. 매창 또한 그에 못지않았으니 그들의 만남은 필연적이 아니었으랴.

하늘도 시기했을까? 그들의 사랑은 임진왜란으로 인하여 오래가지 못하고 영원히 갈라서게 된다. 구덩이는 깊을수록 메우기가 어렵다. 떠나간 정인을 기약도 없이 기다려야 하는 여인의 비애, 그리움이 미움이 되고 미움이 한으로 맺히게 되었으리라.

기생 이매창은 거문고와 시에 능했다. 그녀의 뛰어난 실력에 반한 천하의 풍류객이 한둘이 아니었다고 하니, 과연 그녀의 시재가 범상치 않았음을 짐작하게 한다. 평생을 고독과 이별을 안고 살아가야 했기에, 거문고는 반려자 되어 곁에서 시름을 달래주었으리라. 38세를 일기로 생을 마감하던 날, 그녀의 거문고와 함께 묻혔다고 한다. 어쩌면 거문고야말로 매창의 진정한 정인이 아니던가? 무덤은 부안군 남쪽 봉덕리 공동묘지에 있다. 사후 45년인 1655년에 비석이 세워졌으며, 그로부터 13년 후에 고을 사람들이 매창이 지은 시 58편을 모아 『매창집』을 발간하였다고 한다.

단정한 묘지와 비석 앞에 섰다. 바람결에 매창의 거문고 소리가 들리는 듯하다. 고개들어 하늘 보니 흩날리는 배꽃 아래 이별이 아쉬워 애태우는 두 정인의 모습이 아른거린다.

팔자지 뭐

한의원 앞 시내버스 정류소에서 김 사장을 우연히 만났다. 반가웠다. 마침 하교 시간이라 붐비는 장소였지만, 단번에 그를 알아보고 다가가 손을 잡았다.

"어이구, 참 오랜만이시더."

화들짝 놀라면서 그제야 나를 알아보고 반색했다.

"백내장이 심해서 안과에 수술 예약하고 왔니더. 눈이 침침해서 운전이 안 돼요. 그래서 시내버스로 왔어요."

다부진 체구에 빛나는 대머리. 피둥피둥한 얼굴에서 풍기는 인상은 도무지 예나 지금이나 다름없어 보인다.

"뭔 소리 하시노. 세월 거꾸로 자셨나, 더 젊어지신 것 같다마는. 백내장 수술 예약이라니요?"

"사는 게 아무것도 아이시더. 우리 옆집 조 사장 알지요? 며칠 전 추수하다가 콤바인에 깔려 그 자리에서 즉사 해뿌랬잖니껴. 그렇게 정정하고 생전 병치레 없던 사람이 그래 될 줄 누가 알았니껴. 내 당달봉사 다 됐다꼬 그래 놀리쌓더니만, 지가 먼저 밥 숫가락 놔뿌고. 나도 이카다가 언제 어에 될 똥. 에이~구~우 참. 다~아 팔자지 뭐."

"오랜만에 만났는데 어디 가서 차라도 한잔 하시더."

"6시에 저녁 약속이 있어. 이번 차 놓치면 안 되니더."

아쉽지만 그렇게 헤어졌다. 사는 게 뭔지, 세월이 차창 밖 풍경 지나치듯 한다. 팔자라니? 흔히 어처구니없는 일에 부딪히면 누구나 팔자부터 들먹인다.

참말로 팔자인지, 요즈음 나를 둘러싼 상황이 거스를 수 없는 운명처럼 느껴진다. 얼마 전 잠자는 중 전화벨 소리에 놀라 일어나려는데 사방이 빙빙 돌고 어지러워 몸을 가눌 수 없었다. 누워서 소리 나는 쪽으로 팔을 휘저어 봤으나 전화기가 잡히지 않았다. 이상하다 싶어 고개를 돌려보니 전화기가 없다. 어지럼을 무릅쓰고 몸을 일으켜 앉아보니 이게 웬일인가? 전화기가 엉뚱하게도 반대쪽에 있는 게 아닌가? 다시 벨이 울렸는데 전화기는 오른쪽에 있고, 소리는 왼쪽에서만 들린다. 그제야 오른쪽 귀가 들리지 않는다는 사실을 깨달았다. 병원에서 여러 가지 검사를 한 결과 돌발성 난청과 이석증이라 했다. 그래서 치료를 시작한지 이미 두 달이 넘었다. 이석증은 완치되었으나 난청은 완전히 돌아오지 않는다. 거기에 더하여 약 부작용인지 얼굴에 발진이 생겨 피부과까지 들락거린다.

그런데 이게 또 무슨 청천벽력인가? 동생이 교통사고를 당했단다. 응급실로 달려갔다. 척추와 무릎 아래의 골절이다. 2년 전 안전사고로 오른쪽 다리 복합 골절로 몇 달간 병원 신세를 진 일이 있다. 추수를 앞두고 발생한 사고이기에 더욱 안타깝다. 둘째 누님이 흐느끼며 전화를 하셨다.

"아이고, 동상. 무슨 팔자가 이르노. 하늘도 참말로 무심하시지."

하늘이 무너져도 솟아날 구멍이 있다는 말 있듯이 좋게 생각하자고 했다. 저 정도로 그쳤으니 다행이지, 눈알이 빠져도 그만하길 다행 아니냐고 했다. 이런저런 말로 위로하고 마음을 나누다 보니, 어느 정도 속이 가라앉았는지 탄식조로 내뱉는다.

"다~아 팔자지 뭐"

혈기왕성한 때에는 '팔자는 스스로 만들어 간다'고 생각하였다. "팔자라니? 무슨 뚱딴지같은 소린가? 하다가 안 되면 팔자타령이나 하는 거지"

초등학교 때 할아버지께 배우던 『명심보감』 책이 있었다. 천명 편에 '세상만사는 이미 다 나누어 정해져 있는데 사람들은 공연히 걱정하네 萬事分其定世人空自妄'라는 말을 이해할 수가 없었다. 미래가 이미 다 결정이 되어 있다면 공부는 무엇 때문에 하고, 더 나아지기 위해 잠 설쳐가며 노력은 왜 하는가? 차츰 나이가 들면서 내 삶의 고비마다 이 말이 떠올랐다. 특히 죽도록 노력해도 안 될 때가 있었다. 또 점찍어 둔 물건이 간발의 차이로 남에게 넘어갔을 때, 어렴풋이나마 '팔자가 있기는 한가 보다.'하고 단념하기도 했었다. 이순을 넘어 고희를 앞둔 시점에서 뒤돌아보니, 팔자란 말이 이제야 가슴에 와 닿는다.

주위를 돌아보면 하늘은 공평하다. 사는 모습이 하나같이 고만고만하다. 하늘은 결코 한 사람에게만 은혜를 베풀지 않음을 본다. 어떤 이에게는 무병장수를 주고, 또 어떤 이에게는 부富를 주기도 한다. 나만 불행하고 세상 사람이 다 행복한 것처럼 보이지만 그렇지 않다. 부자라고 걱정이 없고 가난하다고 행복과 즐거움이 없지는 않다. 하늘이 나에게 난청을 주심은, 세상사에 촉각 곤두세우지 말고 좀 느슨하게 살라는 신호로 받아들여진다. 빈곤 국가일수록 사람들의 행복지수는 높다하지 않았는가? 그러잖아도 하나씩 버리고 내려놓는 중이다. 하늘이 허락한 날이 얼마나 남았는지 나도 모른다. 다만 정해진 팔자대로 뚜벅뚜벅 걸어가고 있을 뿐이다.

발문

06

이대걸의 들풀, 그 에스프리

권 혁 모 | 시인 · 한국문인협회 문학정보화위원장

수필가 이대걸 선생은 천생 안동 사람이다. 누에가 명주실을 토하듯 끊이지 않는 그의 서정 세계에서 안동이 보이고, 안동이 보이는 누각 위에 그가 앉아 있는 듯하다. 청량산 자락, 가난한 농촌에서의 어린 시절 또한 그를 더욱 안동사람이게 하였다. 고교 학창시절이었을 때도 그랬지만, 지금까지 변함없는 그의 언행 전반을 보라, 한복 의관을 갖추었다고 생각해 보라, 그리고 정감 넘치는 사투리를 들어보라. 수구초심이라 하였듯, 이제 반백년을 돌아와 어린 시절에 살았던 산 밑 까치집에 그가 세 들어 살고 있다.

지난 겨울에 안동에서 전화가 왔다.

"이번에 세 번째의 수필집을 내는데, 발문을 자네가 써 주기 바라네"

라는 부탁이었다. '수필가가 더 바람직하지 않을까?'하는 사양에도 소용이 없었다.

수필은 진솔한 삶이 포함된 산문문학이라는 점이 그 이유였고, '수필 문학'이라는 문학적 특성을 감당할 용기가 나지 않았기 때문이다. 그렇지만 간곡한 요구를 마냥 사양하는 것은 벗의 도리가 아닌 것 같았다. 혹한의 계절에 묶어서 보내온 원고를 찬찬히 읽으니 그런 걱정은 기우에 불과하였다. 글에 앙금처럼 가라앉아 있는 올곧은 사유의 세계가 향기로 다가와 가슴 뛰게 하였다.

흔히 '수필'이라 함은 무엇보다 먼저 '붓 가는 대로, 심미안의 세계를 자기 고백적로 쓰는 산문 형태의 글' 또는 '길이의 구애됨 없이 마음 가는 대로 쓰는 모든 형태의 산문'이라는 해석이 가능하다. 그러나 이러한 외형의 정의에는 진정한 수필문학의 경지를 무너뜨리는 함정도 포함될 수 있다. '붓 가는 대로', '마음 가는 대로', '자기 고백적' 그리고 '산문 형태' 라고 하는 무제한의 허용 조건 앞에서, 소위 이 시대의 수필이라고 하는 산문이 얼마나 많이 발표되고 있느냐 하는 문제에 이르게 된다.

문학으로서의 수필은 일정한 분량을 채운 모든 형태의 산문이 아니며, 결코 붓 가는 대로 써 내려가는 단순한 자기 고백적 문장이지 않을 수 있다는 것이다. 시각적인 시행으로 배열한 모든 운문 형태가 시詩가 될 수 없듯이, 일정 분량의 원고지를 채운 산문 형태가 바로 수필의 충분조건이 될 수 있다는 것은 아이러니이다.

피천득의 「수필」은 수필로 쓴 수필론이지만, 수필에 대한 본질과 특성을 잘 표현한 글조차 사실은 매우 의도적으로 다듬어진 지극히 세련된 문장이다.

"수필은 청자연적이다. 수필은 난이요, 학이요, 청초하고 몸맵시 날렵한 여인이다. 수필은 그 여인이 걸어가는 숲속으로 난 평탄하고 고요한 길이다. 수필은 가로수 늘어진 페이브먼트가 될 수도 있다. 그러나, 그 길은 깨끗하고 사람이 적게 다니는 주택가에 있다. ~"

수필을 청자연적이요 난이며 학, 청초한 여인과 여인이 걸어가는 고요의 길, 혹은 가로수 늘어진 페이브먼트… 라는 은유는 이미 수필 영역의 기교를 뛰어넘은 시적 기교의 절정에 해당한다. 결코 무기교無技巧의 기교技巧가 아닌, 참신한 기교의 허용 혹은 비유를 통한 관념 탈피를 시도한 것이다. 여기서 보듯, 수필은 결코 마음 가는 대로 쓰인 무절제한 글이 아니라, 산문으로 담아낸 담백한 인생의 향기라는 반증이기도 하다.

안동이 원고향인 청천 김진섭 선생의 「백설부白雪賦」 역시, 백설이 펼치는 경이로운 자연 앞에서의 정감을 화려체로 담고 있다. 시詩라 하여도 될 이 작품은 이미 산문을 넘은 경지로 수필을 사랑하는 이들의 주목을 받고 있다. 백설에 대한 기존 관념(dead metaphor)을 탈피한 김진섭의 수필 세계는 극도의 긴장감으로 시적 분위기를 자극하고 있는 것이다.

" ~ 대체 이 흰 생명들은 이렇게 수많이 모여서 어디로 가려는 것인고? 이는 자유의 도취 속에 부유함을 말함인가? 백설이어! 잠시 묻노니, 너는 지상의 누가 유혹했기에 이곳에 내려오는 것이며, 그리고 또 너는 공중에서 무질서의 쾌락을 배운 뒤에 이곳에 와서 무엇을 시작하려는 것이냐? 천국의 아들이요, 경쾌한 족속이요, 바람의 희생자인 백설이어! 너희들은 우리들 사람까지를 너희의 혼란 속에 휩쓸어 넣을 작정인지는 알 수 없으되, ~ "

청의 위원魏源은 '거문고나 바둑에 뛰어난 이는 악보나 기보에 매달리지 않는다善琴奕者不視譜'라고 하였다. 최상의 연주는 악보 너머에 있고, 빛나는 바둑은 기보를 떠나서 있는 것. 수필문학이 이르고자 하는 종착지는 '붓 가는대로'라는 수필 기보棋譜를 뛰어넘은 문학이어야 한다. 담백함이라는 수필의 정체성에도 불구하고 운문정신 또한 배제될 수 없다는 생각을 지울 수 없다. 나무에 피어난 꽃만 꽃이 아니라, 잎을 매단 나무의 깊은 사유가 꽃이어야 할 것이다.

이런저런 삶의 과정에서 만나는 문학 산책이 이대걸의 수필 도처에서 보인다. 벌써 육십이이순六十而耳順을 넘은지 오래이고, 두보의 곡강시曲江詩에 나오는 '인생칠십고래희人生七十古來稀'를 내다보는 그의 찐득이는 정회情懷가 삶의 향기로 묻어난다. 피천득 선생이 말한 '덕수궁 박물관의 청자연적, 그것도 연꽃 한 잎이 꼬부라진 균형 속의 파격'을 그의 작품에서도 유추해 낼 수 있다. 문학인 이대걸에게 세월은 가는 것이 아니라 밀려오는 것이며, 청춘은 사라지는 것이 아니라, 그의 글과 함께 겹쳐오는 산란散亂이라는 생각을 지울 수 없다.

주옥같은 작품군인「들풀」을 비롯한「바랭이」,「불청객」,「손맛」,「수수타작」,「안동껑껑이」,「상장喪章과 노란 리본」,「옷」,「스타일」, 그리고「호마胡馬와 월조越鳥」등의 깨끗한 서정이 수필의 멋과 향香과 격格을 더하게 한다.

" '들풀', 들판을 빼곡히 메우고 있는 풀 아니냐고요? 그렇습니다. 시골에서는 눈만 뜨면 볼 수 있는 풀들을 이르는 말이지요. 그러나 지금 이야기하려는 들풀은 제가 자주 들락거리는 대폿집 이름입니다. 지구촌 시대에 촌스럽게 '들풀'이 뭐냐고요? "

「들풀」의 들머리는 이렇게 시작된다. 제목에서부터 들풀 냄새가 난다. 그런데 초반부터 소재를 반전시켜 독자의 주의를 집중시키고 있다. '제가 자주 들락거리는' 부분에서는, 어쩌면 술꾼(?)이기에 남과 어울려 순수하며 즐겁게 살아가려는 모습을 유추할 수 있다. 이어지는 들풀의 속성에서 비롯된 주점에서의 애환을 위무하기도 한다.

" '들풀'은 하수구입니다. 한 잔 술에 토해내는 서민의 애환이 철철 넘쳐흐르는 하수구 말입니다. 그곳에는 찌그러진 막걸리 주전자를 닮은 인생이 있습니다. 누룩 냄새 풀풀 날리는 공간에는 쉴 새 없이 감정의 폭포수가 운무로 떨어집니다. 세련되고 돈 많은 사람이 모여 사업 얘기 나누는 요정이거나, 양주 파는 집과는 판이합니다. 거기에는 이 땅의 바닥을 살아가는 사람들의 눈물이 있고, 울분과 탄식을 쏟아내는 장마당입니다.~"

들풀은 서민의 애환이 넘쳐흐르는 '하수구'라니 또 무슨 말인가? 누룩 냄새가 나며 감정의 폭포수가 운무로 떨어지고, 이 땅의 바닥을 살아가는 사람들의 눈물과 애환과 탄식을 쏟아내는 장마당임을, 누가 감히 들풀의 속성을 여기까지 확대할 수 있을까?

존재론적 술집인 '들풀' 이야기가 번져 형이상학적인 삶의 이야기로 반전되더니 급기야 형이하학적인 들풀의 이미지를 결합하여 독자를 서정 세계로 인도하고 있다.

" ~ 주어진 본분을 다하는 거룩한 존재인 들풀, 그들은 결코 누군가 돌봐주기를 바라지 않으며, 알아주거나 기억해 주기를 바라지도 않습니다. 민들레는 민들레답고, 달개비는 달개비답게 살지요. 비록 보잘 것 없지만, 독특한 존재이기에 대폿집 '들풀' 풍경을 빼 닮았습니다. ~ "

문학의 본질은 목적이 아니며 해답 또한 아니다. 해답이 없는 아득한 삶의 명제를 이대걸의 '들풀'에서 찾아 재해석할 수 있다면, 바로 민들레답고 달개비답게 살아가야 한다는 그의 서정을 발견할 수 있다.

작품 「바랭이」에는 은퇴 후 시골집에서의 삶이 아프게 그려져 있다.

" ~ 고구마 밭의 바랭이를 뽑았습니다. 아니 바랭이와 진종일 씨름했다고 해야 옳을 듯합니다. 고구마를 심기 전에 이랑을 비닐로 덮어 씌웠지만, 비닐이 덮이지 않은 이랑 사이와 노루나 고라니 등 산짐승이 밟아 뚫어진 구멍마다 어김없이 바랭이가 촘촘히 솟아났습니다. 일부러 씨를 들어부어도 그렇게 소복하게 싹트지는 못할 것 같습니다. 바랭이보다 차라리 고구마를 뽑아서 버리고 싶은 심정입니다. ~ "

시골에서 살아본 사람만이 알 수 있는 잡초와의 전쟁 속에서도 부엉새며 소쩍새가 우는 그리움에 젖어드는 것, 밭고랑의 뚫어진 비닐에 돋은 바랭이를 보며, 차라리 바랭이보다 고구마를 뽑아버리고 싶은 심정을 어떻게 헤아릴 수 있을까?

" ~ '야, 이 어리버리한 인간아! 네가 아무리 장창을 써 봐라. 내가 눈이나 껌뻑하는가. 내가 뽑혀 나간다고 세상이 변할 것 같으냐? 넌 고작 몇 십 년 촐싹거리다 가고 말 터이지만 우리는 달라. 이 세상 끝나는 날까지 이 땅에서 싹트고 또 싹틀 테니 두고 보라고!'하고 이랑에서 수런거립니다. ~ "

어느덧 입장을 바꾼 바랭이가 인간을 나무란다. 이 세상은 우리 인간보다 더 영원한 존재가 있음을 질타한다. 또한 이 세상 끝날 까지 싹트겠다니 그래서 인생무상인가 보다.

" ~ '그래, 언젠가 아놀드 토인비가 말했지. 인간의 역사는 도전과 응전이라고. 네 도전은 언제든 받아주마. 내가 이 세상에 살아 있는 한.' 호미 쥔 손아귀에 결기 있게 힘을 줍니다. 점점 커지는 심장의 박동 소리를 듣습니다. 사방에 어둠이 살포시 내려앉습니다. 갑자기 허기를 느낍니다."

바랭이를 뽑다가 토인비의 '도전과 응전'을 생각하며, 세상은 결코 한 가지 좋은 것만 주지 않음을 발견하고 있다. 농촌의 현실에도 불구하고 행복이 열리는 전원생활의 즐거움을 엿보게 한다. 토인비의 '청어와 메기의 이야기'가 있다. 북해의 청어를 잡아 런던까지 오면 모두 다 죽어버린다. 그런데 한 어부가 싱싱하게 살려서 가지고 와 돈을 많이 벌고 있다. 그것은 메기를 함께 넣어서 온다는 것이다. 메기는 청어 몇 마리만 먹으면 되는데, 남은 청어는 살기 위하여 필사적으로 도망치기 때문에 살려서 올 수 있다는 이야기다.

세상에 이렇게 잡초와의 힘든 싸움을 도전과 응전으로 여기며, '심장의 박동소리'와 함께 찾아온 '어둠'과 '허기'를 패드아웃으로 맺고 있다.

「불청객」에서는 시골에서의 여유 있는 마음이 평화롭게 느껴지게 한다. 이대걸은 이 작품을 쓰면서 온갖 종류의 불청객에 대한 경외심敬畏

心과 공존의 의미를 조용히 수긍하고 있다.

"~ 마당에 풀을 뽑는데 메뚜기 한 마리가 화들짝 놀라 저만치 달아난다. 불청객이다. 시도 때도 없이 찾아오는 초대하지 않은 손님, 집 주변에 과일나무를 비롯한 먹거리가 귀할 때는 보이지 않던 손님들이 전에 비해 부쩍 늘었다. 손님이 늘어난다는 것은 좋은 일이다. 먹을 게 없으면 개미 새끼 한 마리 얼씬도 하지 않는다는 말이 있지 않는가?"

주변의 그 많던 손님은 세월과 함께 멀어 가고, 찾는 손님은 사람이 아니라 주변의 온갖 생물들이란다. 거기에 제가 주인인 양 행세하는 거미와 벌과 박쥐와 참새 그리고 촉새까지, 이미 주민등록을 옮기고 자식까지 앞세우고 있다고 한다. 본인은 황혼의 부부로 외롭게 살지만, 이렇듯 많은 불청객들과 함께 있다는 것이 결코 외롭지 않음을 고백하고 있다.

텃밭에 블루베리와 아로니아를 몇 포기 심었는데, 작년부터 조금씩 달리기 시작했단다. 올해는 제법 많이 열려 있어 흐뭇해하였지만 또 사고가 났다.

"~ 내가 미쳐 몇 개 맛보기도 전에 참새, 박새, 곤줄박이, 오목눈이, 촉새 등 귀여운 놈들이 미리 점찍은 모양이다. 인기척이 나면 포르르 날아 부근 나무로 옮겼다가, 눈만 돌리면 되돌아온다. 이 이야기를 농담 삼아 친구들에게 했더니 새가 못 들어오게 그물망을 치라고 했다. 세상 미물이 얄밉기야 하지만 내 좀 덜 먹으면 되지, 그렇다고 사람이 어찌 박절하게 그물까지 치겠는가."

여기에서 수필가 이대걸의 올곧은 심미안이 보인다. 얄미운 조수를 잡기 위한 그물망을 치지 않고 좀 덜 먹으면 되니, 박절하게 그물을 칠 수 없다는 걸 고운 심성이 더욱 그를 문학인이게 하는지 모른다.

부리로 호두껍질을 쪼아 알맹이는 다 먹어치우는 직박구리와 딱따구리 등의 불청객들 앞에선 다짐이 코끝을 찡하게 하고 있다.

" ~ 넓게 보면 안달아 할 일도 아니다. 심고 가꾸는 걸 나만 한 건 아니다. 아무리 내 땅에 심었기로서니 하늘이 비를 내렸고, 태양이 영양소를 만들어 키웠다. 그러니 어찌 내 것이라고만 우기랴. 너도 먹고 나도 먹고 그렇게 사는 데로 살아가는 거지. 마음을 고쳐먹으니 편안하다. 만약 비를 피할 공간이나 푸성귀, 과일 나부랭이라도 없으면 어느 누가 늙어빠진 촌로가 반가워 찾아오려나? 직박구리의 알지 못할 노랫가락이 정적을 깬다."

'손맛'의 사전적 의미는 음식을 만든 이의 손으로 직접 내는 맛이다. 이런 '손맛'의 의미를 확장하면, 낚싯대를 잡은 손에 전해 오는 느낌이거나, 무엇에 닿을 때의 감촉을 말한다.

이대걸은 갯바위 낚시터에서의 손맛을 낚싯줄로 정겹게 풀어내고 있다. 처음과 끝은 수미쌍관법으로 두고, 자취 시절의 이야기며 좋아하는 야구에서의 손맛 등을 재미있게 이어가고 있다.

작품 첫 부분에서부터 물고기와 강태공의 팽팽한 긴장을 드라마틱하게 엮고 있다.

"자, 손맛 한번 봐라. 이게 흉년에 쌀 석 섬하고도 안 바꾼다는 손맛이다."

"친구 S는 씨-익 웃으면서 물고기가 걸려 부르르 떨리며 휘청거리는 낚싯대를 건넸다. 과연 물고기가 물고 당기는 힘이 낚싯대를 잡은 손으로 찌르르 전해 온다. 가슴이 뛴다. 포수가 숲에서 살아 버둥거리는 먹잇감을 낚아채는 모습이 그려진다. 태초에 살기위해 사냥에 참가한 초짜배기 사냥꾼의 맥박이 이랬을까? 친구는 낚싯줄이 팽팽하게 당겨질 때의 짜릿한 손맛, ~ "

낚시와는 거리가 먼 필자이지만, 낚시에 홀린 사람들의 이야기를 들으면, 온통 손맛뿐이라 하였다. 신혼 가정도 없었고, 혹한도 우중도 없었다고 고백하였다. 밤을 꼬박 새워도 그리고 입은 옷 다 버려 꾸중(?)을 들어도 자신은 잡아온 고기를 먹지 않고 나눠준다 하였지 않은가?

손맛 이야기는 다시 아득한 추억의 현장으로 달려간다. 그런데 여기서 엄마의 사투리를 직접화법으로 표현하여 더욱 정겹게 한다. 읽는 이와 함께 그 시절의 향수에 젖게 하고 있다. 지난 60년대를 공유한 추억은 혼자가 아닌 우리들 모두의 희비이자 소중한 삶의 반추가 아니었던가?

" ~ 야야, 걸아. 같은 재료, 같은 양념을 쓰더라도 음식 맛은 손끝에서 나오니라. 그라고 음식 맹글 때 정성을 다해서 맹글어야 맛이 있니라. ~"

" ~ 특히 된장찌개 끓이는 법은 여러 번 재료와 방법을 달리하여 가르쳐 주셨다. 함께 간을 보고 평을 했다. 내가 끓인 된장찌개 맛은 불문가지다. 어머니께서 뚝배기에 자글자글 끓여 주신 된장찌개, 그

구수한 손맛을 나는 아직도 잊을 수가 없다."

추억을 자극하여 상호로 쓰는 가게도 많이 있단다. '친정엄마 손맛', '손맛 김치', '엄마 골부리 국', '할매 곰탕', '엄마 손 반찬가게' 등은 이제 보편화 되었다 한다. 그런가 하면, 야구에서 동점 포를 때렸을 때 타자의 손맛이며, 이종 격투기 선수의 매운 손맛, 게임 선수의 민첩한 손맛, 궁사(弓師)의 긴장된 손맛 등, 이런 감칠맛 나는 우리말이 있다 한다.

'손맛'의 이야기는 처음 낚시터로 돌아가 인생의 한 부분에서 삶의 의미를 생각해 보게 한다. 이대걸에게 한마디의 결론은 바로 '너털웃음'이라 하면, 그 웃음으로 위무慰撫하는 삶이 결코 허무하지 않을 것이다.

"파도가 하얗게 밀려온다. 낚시터는 방파제에 가려 있지만, 물결이 심하게 일렁인다. 일기가 심상치 않다. 예보에는 날씨가 쾌청하고 물결이 잠잠할 거라더니 비가 오려는지 바람부터 세차게 분다. ~ 일행의 운수도 화투 패로 치면 삼팔따라지다. 아무래도 낚싯대를 접어야 할 것 같다. 짐을 줄이려고 준비해 간 음식부터 허겁지겁 나눠 먹으니 너털웃음이 절로 나온다. ~ "

마지막 부분은 단순한 묘사가 아니다, '파도', '일기', '낚시터', '날씨', '바람', '화투 패', '삼팔따라지', '너털웃음' 등의 보조관념을 넘어 '인생'이라는 원관념을 상징으로 제시하고 있다. 그리하여 진솔한 삶의 외연外延을 확대하게 하고 있다.

귀향한 시골집은 참 정겹게 보인다. 구경하기 좋은 집과 살 집은 같다고는 할 수 없지만, 한 번쯤 대자연 속에서 시골의 아름다운 풍정風情을 한껏 받아들이며 살고 싶었던 때가 누구든 없지 않았을 것이다. 가을 텃밭에서 수수타작을 하였던 이대걸의 수필을 읽는다는 것은 삶의 아름다움이 겹쳐진 여유로움이지만, 농촌 현장으로 귀향하려는 발길은 결코 쉽지 않을 것이다. 그러나 이대걸은 남다른 데가 있다. 그에게 귀향은 오랜 소원 성취였는지 모른다. 그윽한 대자연의 색상만 같은 깊은 마음으로 거기서 계절의 옷을 갈아입고 산다.

"밭 귀퉁이에 자투리땅이 남아 수수 몇 포기 심었더니, 비둘기란 놈이 설익은 수수 이삭에 타고 앉아 저 먼저 타작을 해 댄다. 하기야 나만 키운 게 아니니 그렇게 탓 할 일은 아니다. 심기는 내가 심었으나 하늘과 땅이 키웠고, 바람과 햇빛이 거들었으며 저 또한 날아다니며 똥이라도 가끔 싸서 비료를 쳤으렷다? ~"

서두에서 자신만이 이 세상의 주인이 아니라고 하였다. 자신이 심었으나 하늘과 땅이 키웠고, 바람과 햇빛이 거들었으며, 비둘기 저들이 똥이라는 비료를 쳤으니, 모두가 내 것이 아니라는 '비움' 의 미학을 어떻게 해석해야 할까?

잘 되는 것은 '그대' 도움이며, 잘되지 않음은 나의 탓이라는 배려에 기본을 두었지만, 인간이기에 어쩌랴! 그도 하늘이 내린 삶의 본성을 버릴 수는 없었나 보다.

" ~ '닭 쫓던 개 지붕 쳐다보기'로 한참 멍하니 서서 바라보다가, 심술보가 터져서 마당 가장자리에 박힌 돌을 주워 놈에게 던졌다. 맞든 말든 두 판지기로, 그제야 놈이 움찔하며 산 쪽으로 날아간다. 마당에 어정거리는 내 꼴을 보고 아내가 할 일 없이 빈둥대지 말고 얼른 들어와 아침부터 먹으란다. ~ ”

노부부가 사는 전원생활의 한 장면을 드라마틱하게 보는 것 같다. 80년대 최불암과 김혜자가 열연한 『전원일기』를 다시 보는 듯하여 정겹다.

새 떼와의 공방전은 끝없는 현재 진행형이다. 화자話者를 비둘기에게 넘겨 자신을 변호하게 하는 부분이 패러독스이다.

“ ~ ‘여보시오. 당신이 뭔데 남 아침 먹는데 와서 참견이요? 당신은 밥도 안 먹고 사나? 그리고 오면 어쩔 건데. 우리 솔개 형님쯤 되면 모를까, 당신에게 날개라도 달렸나? 설령 날개가 달렸다 해도 그렇지. 느려터진 주제에 물 찬 제비 같은 내 깃털 하나도 건드리지 못하지. 암 그렇고말고, 아 그리고 이봐요, 당신. 당신이 추수하지 말란다고 안 할 줄 아나. ~ ”

결국 보다 못한 이웃이 수수에 망을 씌우라 하였지만, 그 방법도 포기하고 만다. 비취빛 가을 하늘이 쏟아질 것 같은 텃밭에서 공존의 방법을 선택한다. 그리하여 다시 찾은 농심農心은 가을 들녘만치 아름답고 고귀하게 여겨진다.

“ ~ 그래, 어찌겠냐. 내 욕심만 채우려고 망 씌울 수도 없고. 너희들도 먹고 나도 먹고 함께 먹고 살아야지. 내 타작할 것도 좀 남겨두고. 전생에 너와 나 원수진 일도 없는데 괜한 심술로 돌팔매질이나 해 대고. 먹을 때는 개도 안 건드린다는데 ~ ”

이대걸의 시골 전원생활은 뿔나무가 등신불인양 제 몸을 불사르고 있으며, 비둘기가 수수 타작하기 좋은 그런 가을날을 예비해 두고 있을 것이다.

안동을 추로지향이라 하였다. 공자와 맹자의 고향이라 함은 예절과 학문을 숭상하던 곳이라는 말이다. 안동인들이 안동을 '정신문화의 수도'로 정하여 양반 고을이라는 자부심으로 올곧게 살아가고 있다.

바로 이곳에 고향을 둔 이대걸은 청량산이 굽어보이는 곳, 더욱 퇴계 선생의 후손임에 더 이상 무엇을 보태랴. 그런 인문 지리적 배경에서 소위 '안동 껑껑이'로 불리는 속성을 섬세하게 들여다보고 있다.

안동 말속에는 생략과 함축 그리고 은유가 많이 포함되어 있다 한다.

"요즈음 뭐 하고 사니껴?"

라는 퇴직 후의 인사에는 참 다양한 의미 요소가 들어 있다 한다. 그것은, '퇴직하고 나니 심심하지요?'에서 비롯하여 '건강은 어떠신지요?', '소일거리는 있나요?', '무슨 일인지는 몰라도 힘들지 않나요?' 등 이런 은유의 함축 언어를 즐겨 사용하는 문화라고 하고 있다. 이것이야말로 조상 대대로 '입단속'을 지켜 온 역사적 전통과 무관하지 않으리라 짐작하고 있다.

꼭 쓸 말만 하며 잡스러운 말은 입에 담지도 않았고, 농담도 품격 있게 하며 말을 아낀다 하였다. 그리고 어떤 의견을 모을 때는 '수의대로 하시더'라는 겸양의 미덕으로 자신의 의견을 양보하고 있다고 하였다. 그래서 '미안하지만, 이것이 안동껑껑이'라 하였다.

"~ 안동껑껑이들은 말 한마디를 천금같이 소중히 했다. 오죽하면 '말이면 다'라는 말이 생겼을까? 언행일치와 신의를 목숨보다 소중히 하는 사람들이 안동껑껑이다. 그런 고장이기에 나라가 풍전등화 같을 때, 모두가 몸을 사릴 때, 들불처럼 분연히 일어섰다. ~"

그런 안동 껑껑이 이대걸이 바라본 안동 껑껑이들의 질박한 삶의 모습을 예리한 관찰의 시선으로 되돌아보며, '무뚝뚝하고 멋없는 모습으로 황혼의 언덕에 서 있다.' 며 자신을 확인하고 있다.

「호마胡馬와 월조越鳥」는 교육장까지의 40여년 교직 생활을 마치고 돌아온 회향의 심상을 담았다. 남조의 양나라 시절 소통蕭統의 시 한 편으로 시작하고 있다.

"북방 흉노의 말은 북풍에 기대고胡馬依北風 / 남방 월나라의 새는 남쪽 가지에 깃드네越鳥巢南枝 ~"

이어지는 글 "~ 헤어짐을 날이 갈수록 멀어지고 / 허리띠는 날이 갈수록 느슨해지네 / 뜬구름 흰 해를 가리고 / 길 떠난 이 돌아오지 않으려네 / 그대 그리움으로 늙어가고 / 세월은 어느덧 이미 지났네"

이런 그리움의 향수를 적시는 무대 곁에 이대걸이 서있는 듯하다. 「가고 또 가고」도 눈길을 끌고 있다.

"가고 또 가고行行重行行 / 그대와 생이별했네與君生別離 / 만리 길 떨어져서相去萬餘里 / 서로 하늘 한 끝에 있네各在天一涯

그렇지만 꼭 '호마와 월조'에 취하여 고향을 그리워 한 것은 아니란다. 사십년 넘게 타향살이 하던 그에게 고향은 그리움의 시원이요, 자신의 뼈를 묻을 수 있는 곳이라 한다. 수려함 보다는 소박함, 풍성함 보다는 모자람, 다정함 보다는 무뚝뚝한 사람들이 사는 고향이기 때문이라 한다.

완행열차를 타고 가는 초임지 영천에서부터, 수구초심으로 고향을 그리며 객지에서 떠돌이 생활하였던 힘든 시절을 다 지나왔다. 교단이라는 거룩한 성상을 다 지나, 드디어 고향에 돌아온 것이다. 소통의 시

"~ 그대 그리움으로 늙어가고 / 세월은 어느덧 이미 지났네"

의 주인공이 되어 돌아온 것이다.

금의환향이 아니라 백의의 모습으로 회향한 그의 향수가 애상에 젖게 한다. 마지막 여행지 지구라는 혹성에 돌아와 통곡하는 영화『혹성탈출』의 이야기가 아니라, 가고 없는 것과 있는 것 함께 들추어 보라는 고향 옛집에서의 정취는 꼭 그만의 것이 아닐 것이다. 우리의 것이었기에 더욱 감상적感傷的이게 한다.

「옷」은 자신의 위치에 대한 합당한 신분을 상징한다. 이대걸은 선생님이라는 옷으로 끝까지 교단을 지키겠다는 각오가 담겨 있다. 그런 후 모천으로 회귀하는 연어처럼 고향으로 돌아가고 싶다는 이야기가 진솔하게 담겨있다. 그때마다 신분이라는 옷의 격에 맞게 맵시를 다듬으며 당당하게 길을 가려 하였다.

" ~'옷이 날개'라 했다. 무슨 옷을 어떻게 입느냐에 따라 품격이 달라진다는 말이다. 양복점에서 내 몸에 꼭 맞게 옷을 맞추어서 입어야

폼이 나는데, 나는 늘 기성복 파는 집에서 후줄근한 옷을 적당히 골라 입고 다녔다. 사람을 제대로 보는 이의 눈에 비친 나는 얼마나 우스꽝스러운 모습이었을까? 옷에 내 몸을 맞추고 살았던 세월, 눈치가 형광등인 나는 긴 세월을 그렇게 어릿광대처럼 살아온 것이다."

그런가 하면 자신이 선택한 교직이라는 옷의 의미를 성찰하는 모습에서, 진정한 행복이 무엇인가 하는 해답을 유추하게 한다.

" ~ 가만히 생각에 잠겨본다. 몸에 맞는 옷이든 맞지 않은 옷이든 따지지 말고, 느낌으로 따져서 내 마음에 쏙 드는 옷은 어떤 옷이었을까? 꼭 집어서 '요거다' 할 수는 없겠지만, 미련이 남는 건 교사라는 옷이다. 아이들의 천진난만한 웃음이 있어 좋았다. ~ "

「상장喪章과 노란 리본」은 요즘의 사회 현상에 대한 아픈 지적을 소회한 작품이다.

상장은 요즘 상주가 팔에 끼운 상징인 완장이다. 완장腕章이라 함은 팔에 감거나 붙이는 휘장이다. 그것은 남에게 쉽게 눈에 띄어 구별할 수 있으며, 따라서 공개적으로 그의 소속, 역할 등의 메시지 역할을 한다. 이는 '권력, 권한을 가진 사람'이라는 비유적 의미로 사용되기도 한다. 6.25 한국전쟁이 발발하고 국군이 후퇴하여 최남단까지 밀렸을 때, 완장을 찬 지방 빨갱이들이 소위 자본계급과 힘 있는 자들을 무차별 학살한 이들이 바로 그들이었다고 보면, 완장의 힘은 대단하였지 않았던가?

" ~ 옛 풍습에 비추어 본다면 완장은 예법에 어긋나도 한참 어긋난 일이다. 예전엔 상을 당하면 굴건제복에 상장喪杖을 짚고 애통한 심정으로 문상객을 받았다. 요즈음도 그렇게 하자는 말이 아니다. ~ ”

이어서 잘못된 세상임을 솔직하게 지적하고 있다.

“ ~ 세상 풍조가 야릇하다. 연세가 어지간히 든 분이 돌아가시면 호상好喪이라고 하여 상주가 먹고 마시고 즐겨도 되는 듯이 말하는 사람도 있다. 참상이든 호상이든 상을 당하면 애통하고 비통하다. ~ ”

지난날의 가슴 아픈 해난 사고, 세월호 참사에 그도 가슴에 노란 리본을 달았다 한다. 실종자의 무사 귀환을 바라는 마음도 간절했지만, 일주일쯤 지나 불에 태워 하늘로 날렸다고 한다. 그런데 그 노란 리본을 몇 달도 아니고 몇 년을 달고 다니는 사람들이 있다고 한다.

“ ~ 노란 리본은 전쟁터에 나간 사람의 무사 귀환을 바라는 뜻으로 시작된 상징이라 한다. 살아 있는지 죽었는지도 모르는 상황이라면 당연히 달 수 있다. 그러나 비록 실종자 수색이 이루어지고 있는 상황이라고는 하나, 이미 사망한 것이 확실했다. 실종자 수색에서 건져 올린 사람도 모두 시신이었다. 그런데도 노란 리본을 가슴에 달고 있는 사람은 어떤 생각을 가진 사람들일까? ~ 이분들이 부모나 일가친척이 돌아가셨을 때도 몇 년씩 상장을 달고 다녔을까? ~ ”

「스타일」은 시국성과 오락성을 겸하여 읽는 재미를 더하게 한다. 스타일은 자기만이 간직하고 있는 고유의 특성으로 인식된다. 세계적인 음악 잡지 ‘빌보드 차트’ 1위에 오른 싸이의 강남스타일을 서두로 시작한다. 이어서 일본의 3대 영웅인 극단적인 현실주의자 ‘오다 노부나가’

와 계략이 능한 '도요토미 히데요시', 인내심으로 때를 기다리는 '도쿠가와 이에야스'의 울지 않는 두견새 이야기를 비유하고 있다.

' ~ 먼저 이승만 대통령의 스타일이다. '사사오입 개헌을 하더라도 새를 울리라고 부통령에게 명한다.'라고 한 친구가 말했다. '아니야! 국민이 원한다면 새를 울리지 않겠다. 그리고 새장을 버리겠다.' 이어서 '내 편 새면 울든 말든 그냥 두고 상대편 새면 울 때까지 조진다.' 등 새로운 애기가 나올 때마다 폭소가 터진다.

~ 윤보선 대통령이다. '내각에서 알아서 울리라고 한다.' '민주적 절차에 따르되 울려도 되는지 대모꾼들에게 물어보라고 한다.' 등, 재임 기간이 짧아서인지 큰 반향이 없다. 박정희 대통령이다. '그 새가 반공인지 조사해봐! 아닌데도 울지 않으면 없애버려!' '(정강이를 차며) 야, 임마. 울리라면 울리지 뭐 말이 많아!' 전두환 대통령. '야, 울지 않으면 삼청교육대 보내!'라고 하자, '이봐, 모가지를 비틀어서라도 울려!'라는 대목에서 '박력 있다.'고 양념을 친다. 점입가경이다. 노태우 대통령. '울 때까지 내버려 둬. 지 답답하면 울겠지.'하자 그래, 역시 '물태우야!'하고 빈정거린다. 김영삼 대통령. '골치 아프게 내게 왜 물어? 그런 건 머리 좋은 참모들이 알아서 하라고 해!'라고 하자 '좋을 시고!' 베이스를 넣는다. 김대중 대통령이다. '울도록 부추긴다.' '애, 그란디 나가 노벨평화상 받는 것과 상관 있능감? 있으면 한번 울려 보드라고!' 하자, '한반도 평화만 온다면 울지 않아도 그냥 둬. 꼭 울어야 헐 필요가 없제잉!'하고 되받는다. 노무현 대통령. '니가 울지 않는 건 시방 나하고 막가자는 거냐고 따진다.'하자, '울지 않으면 부엉이 바위

에서 뛰어내리겠다고 협박한다.'에서 얼굴을 찌푸린다. 이명박 대통령. '새가 왜 울지 않는지 사찰하라고 지시한다.' '지금 4대강 사업이 중요한데 새까지 속을 썩이면 어떡해! 국정원장, 조치하라구!'라는 대목에서 '그놈의 4대강' 소리가 터져 나온다. ~ ' 끝없는 시사만평 속으로 빠져들게 한다.

이제 역대 대통령의 스타일을 모두 건너온 삶의 뒤안에서, 정작 자신은 어떤 스타일이었던가 성찰하며 반성하고 있다. 동료들의 말에 의하면, '꺾일지언정 휘어지지는 않는 강직한 스타일이었다.' 한다. '원만하며 민주적인, 그리고 고지식하며 자기중심적'이라는 평가의 명암을 스스로 받아들이고 있다.

"산은 오를 때보다 내려올 때 더욱 조심해야 한다. 인생 내리막길, 결승 테이프 끊기 전에 스타일 구기고 싶지 않다."

두보의 곡강시曲江詩」가 아니더라도 고희가 발 앞에 와 있는 인생길은 이제 하산下山인가 보다. 오직 한결같이 스타일리스트(?)로 살아온 수필가 이대걸의 드라마틱한 삶의 여정이 조금씩 보인다.

이대걸의 세 번째 수필집『들풀』상재에 앞서 또 다른 의미를 되새겨 본다. 삼세판이라 하였듯, 화살 두 번을 쏘았던 이격離隔을 '문학 수필'에 세 번째 성취한 그의 수필집이다. 혼신을 다한 52편의 작품을 가래나무에 새겨 상재한 것이다.

윤오영이 말하였듯, 수필은 '청춘의 글이 아니요, 서른여섯 살 중년 고개를 넘어선 사람의 글이며, 그의 정열이나 심오한 지성을 내포한

문학'이었기에 읽는 이의 가슴에 잔잔히 여울지는 감동이라면, 이는 바로 이대걸을 두고 하는 말일까?

지금까지, 주옥편에 티를 남기게 되었다면 이는 필자의 눈 어두운 소견 때문일 것이다. 그렇지만 마음속에도 피어나는 우정의 꽃이었기에 축하의 손을 잡는다. 동행이라는 축복 이면에, 보랏빛 황혼의 상처까지도 함께 사랑해야 한다는 생각을 지울 수 없다. 『들풀』이 우리나라 수필 문단에 초석이 됨은 물론, 벗의 앞날에 건강과 문운이 더욱 빛나기를 기원하며 졸필을 놓는다.